U0825975

杰瑞·穆勒（Jerry Z. Muller）/ 著　阎佳 / 译

指标陷阱

过度量化如何威胁当今的商业、社会和生活

中国出版集团　东方出版中心

图书在版编目（CIP）数据

指标陷阱：过度量化如何威胁当今的商业、社会和生活 /（ ）杰瑞·穆勒著；闾佳译. —上海：东方出版中心, 2020.7
ISBN 978-7-5473-1560-6

Ⅰ. ①指… Ⅱ. ①杰… ②闾… Ⅲ. ①管理规划－研究 Ⅳ. ①C935

中国版本图书馆CIP数据核字（2020）第103926号

Copyright © 2018 by Princeton University Press
All rights reserved. No part of this book may be reproduced or transmitted in any form or by any means, electronic or mechanical, including photocopying, recording or by any information storage and retrieval system, without permission in writing from the Publisher.
Simplified Chinese translation copyright © 2020 by Orient Publishing Center
All rights reserved.

上海市版权局著作权合同登记：图字:09-2019-901

指标陷阱

著　　者　杰瑞·穆勒
译　　者　闾　佳
责任编辑　刘　鑫
装帧设计　陈绿竞

出版发行　东方出版中心
地　　址　上海市仙霞路345号
邮政编码　200336
电　　话　021- 62417400
印 刷 者　上海盛通时代印刷有限公司

开　　本　890mm × 1240mm　1/32
印　　张　7
字　　数　90千字
版　　次　2020年7月第1版
印　　次　2020年7月第1次印刷
定　　价　55.00元

版权所有　侵权必究
如图书有印装质量问题，请寄回本社出版部调换或电话021—62597596联系。

名人和媒体评荐

杰瑞·穆勒在本书中再现了“数字评估”带给绩效的大量危害：不管在学校、医院、军队，还是在企业。本书指出了一个重大问题。

——乔治·阿克洛夫（George A. Akerlof），
2001年诺贝尔经济学奖得主

本书清晰易懂，说服力强，作者杰瑞·穆勒通过对教育、医疗、薪酬等方面的案例研究，揭示我们通过量化指标改善组织表现的尝试，怎样转变成一种玩弄和操纵的文化。《指标陷阱》令人信服地证明，当今时代，浅薄的量化威胁着我们最重要机构的诚实性，我们必须重建判断和道德考量。

——拉克什·库拉纳（Rakesh Khurana），
哈佛商学院院长

视野开阔而富有雄心，论证极具说服力，文字引人入胜——《指标陷阱》是一部非常令人信服的作品。

——马克·施莱辛格（Mark Schlesinger），
耶鲁大学公共卫生学院院长

针对当今一个正在日益恶化的问题，《指标陷阱》是一部重要并有很强可读性的著作。相比我读过的任何其他著作，它更加有说服力地揭示了，我们应如何破除指标的功能失调怪圈——因为诸多情况下，指标的唯一结果，就是带来更多的指标。

——戴维·奇尼茨（David Chinitz），
希伯来大学 Hadassah 医学院教授

无情揭露了测量崇拜和管理主义的不堪一面。

——《经济学人》杂志

每一种量化，都有办法做手脚。因此可以说，这是一部应时而生的反对指标问责制的宣言。

——《科克斯书评》

你是否想过，为什么大学会招聘几乎全无高等教育领域从业经验的校长？这样自外招聘来的校长，十个里有九个要失败。大学为什么频频出现这样的错误呢？那就来读读杰瑞·穆勒的这本新书吧。你会意识到，此类蠢行，是一股不幸的大规模趋势的具体体现，即放弃经验丰富的专业人士针对特定情境的判断，而去选择“指标”这一看似客观的万用灵丹：标准化测量和海量数据库自吹能生成跨行业的洞见和智慧。穆勒在本书中干净利落地拆解了这套神话，他的每一个句子都令读者们忍不住大叫：“没错！没错！”

——斯坦利·费什（Stanley Fish），《赢得辩论》和《再思考》作者

指标，曾经只是一种工具，现在却成了一门“邪教”。在我眼里，杰瑞·穆勒是最优秀的反洗脑专家，他在此展现了剖析政治和社会理论的高超技巧。对管理者，也对被管理者来说，本书不可不读。

——爱德华·泰纳（Edward Tenner），《效率悖论》作者

一部简洁、极具可读性的作品，讲述了那类管理体系正在以何种方式削弱大学、中小学、警务、慈善机构甚至商业公司等重要机构。

——卢克·约翰逊（Luke Johnson），《星期日泰晤士报》

我们许多人都隐约意识到，指标经由剥离背景，贬低微妙的人类判断，并奖赏那些懂得如何操弄体制之辈，从而正在把我们引入歧途。穆勒的这本书干净利落地解释了这股潮流来自何方，它何以如此适得其反，以及人们为何没能加以洞察。任何有可能重蹈越南战争时期的“敌军遗体数量”谬误的管理者，都需要阅读本书。

——蒂姆·哈福德（Tim Harford），《金融时报》

穆勒这项犀利的研究直指我们对于绩效指标的固恋，从而向无处不在的数字狂信徒发起了反击。

——芭芭拉·凯泽（Barbara Kiser），《自然》杂志

对于所有研究组织的学者，我再怎么强调这本书的重要性也不为过。我将它视为一部反抗之作——反抗众多堆砌数据，但彻头彻尾无趣、无足重轻也乏人问津的出版物。

——亚历克西娅·帕纳约图（Alexia Panayiotou），《组织》杂志

穆勒……说，过度依赖指标会使得我们片面侧重最易于衡量的东西。作者对“指标固恋”提出的这些批评，还有许多其他批评，都有理有据，教师和学校领导们都再熟悉不过了。在我准备审读这本书后不久，英国教育标准局的总督察……发表过一次演讲，解释她最近如何阅读这本书，以及该书如何影响了她自己的思考。既然我现在有了机会亲自阅读它，我想我们应该把这当作一个积极的信号。我的期望是，学校问责制的其他参与者，包括政治家在内，都

能好好思索该书所传递的关键讯息。

——詹姆斯·鲍恩（James Bowen），《泰晤士报教育增刊》

穆勒这本书始终那样有趣：简短、有节制、学问精深，并且富有洞见。它也激发读者继续抛出进一步的问题。

——皮埃尔·勒米厄（Pierre Lemieux），《监管》杂志

正如穆勒所说："凡可测量和奖励的东西，都会被做手脚。"太多的人似乎忽略了生活的这个基本事实。穆勒这本出类拔萃之作简要介绍了定量测量的诸多陷阱。仔细阅读这本书，有助于人们回归正轨。

——爱德华·钱塞勒（Edward Chancellor），
路透社《热点透视》网站

杰瑞·穆勒的《指标陷阱》是一部发人深省之作，它经由使用新的理论杠杆，并将其应用于原始的案例研究，从而针对量化知识的局限性再次提出了后实证主义的观点。

——西蒙娜·劳迪诺（Simone Raudino），《欧洲遗产》杂志

值得称赞的是，穆勒感兴趣的，不仅是将"指标固恋"导致非计划后果的种种方式记录下来。除此之外，他还希望：一要发掘出导致这种高度功能障碍的原因，二要识别出更富有成效地使用指标的方法。

——斯特凡·科利尼（Stefan Collini），《伦敦书评》杂志

通过量化人的绩效、问责制和透明度来定义成功的普遍趋势，已经渗透到各行各业，针对此，本书给予了适时而切要的抨击。

——*Paradigm Explorer* 杂志

献给 彼得·多尔蒂

相信世上无物不可量化的人，也相信世上的一切皆可量化。

——艾伦·哈斯珀尔（AARON HASPEL）

目 录

指 标 陷 阱

导 读

在有些人眼里，根据两位创作者大卫·西蒙（David Simon）和埃德·伯恩斯（Ed Burns）真实经历改编的HBO系列剧集《火线》（*The Wire*），是我们时代最伟大的文化档案之一。理由也很充分：剧集聚焦于美国城市巴尔的摩，深入挖掘了几项重大机制（警察、学校系统、市政政治和新闻媒体），对其运作和功能障碍问题进行了有如X光片般的深刻剖析。这一剧集吸引了多国观众，因为其主题"组织功能障碍"在整个西方社会都引起广泛的共鸣。

《火线》经常出现的一个主题，是指标的显著性：以"问责制"（accountability）为标志的"测量绩效"（measured performance）。警长痴迷于完成数字（比方说，解决了多少桩案件，逮捕了多少名毒贩子，犯罪率是多少），并通过各种手段来达到统计目标，哪怕牺牲效力也在所不惜。政客们也在索要能证明警方成功控制犯罪的数据。故此，警察部队想方设法地不让谋杀案出现在自己所在的辖区：一伙毒贩在废弃的房屋里处置尸体，负责凶杀案件的警司却阻挠手下发现此事，因为这会降低“清除率”，即罪案解决百分比的指标。剧集的大部分情节都围绕着富有奉献精神的警探展开，他们力争解决一桩某个大毒枭涉嫌参与的复杂犯罪案件。但由于这桩案件要花上几个月甚至几年才能坐实，警方高层不鼓励他们这么做，高层只希望警探们多逮捕低级毒贩子，积累漂亮的指标；可是不论逮捕多少低级毒贩子，贩毒集团都能立刻换上新人。市长办公室要求在年底之前让重大犯罪率下降5%，只可惜这个目标根本做不到，除非无视实际的犯罪，或是降低罪案严重性。在这些例子中，官员们都参与了“统计数据注水”（juking the stats），通过扭曲实际结果，或是将时间和精力从预防犯罪投入到生产率较低的工作上，以求改善指标。

另一集的剧情涉及一名前警察，他在一所中学教书，这所中学所在的社区，饱受贫困、滥用毒品和家庭破碎困扰。学校的学生成绩糟糕，而如果学生的考试成绩没有提高，学校就有关门大吉的风险。为此，在准备进行标准化英语阅读和写作考试之前的6星期，校长下达指示，要老师们将所有课堂时间都集中在备考上，完全忽略其他科目（这种策略，被委婉地称为“课程调准”）。“为了考试而教学”，就跟统计数据注水一样，是机构扭曲的表现，人们的努力偏离了设立机构的真正目的（教育），以求实现其生存赖以维系的度量目标。

绩效指标的这种扭曲效应，大西洋对岸的大不列颠也感同身受。[1]在当地，另一部由曾经的真实从业者执笔的电视连续剧，捕捉到了相同的现象。前医院医师杰德·默丘里奥（Jed Mercurio）执笔编剧的《妇产科医生》（*Bodies*），发生在一座大都市医院的妇产科病房。第一集里，一位新来的高级外科医生对患有复杂并发症的患者进行手术，结果患者死亡。他的竞争对手随后向新医生提出了这样的建议："优秀的外科医生会根据自己的优秀判断力，避开任何有可能会检验自己优秀能力的状况。"也就是说，他会避免疑难病例，以维持自己的成功率。这是经典的"抹奶油"策略，也就是避免有可能对人的测量绩效造成负面影响的风险病例。这种策略的代价是，手术失败风险较高的患者，因为得不到手术治疗，几乎肯定会死。

《妇产科医生》是一部医学剧集，但现实世界里充斥着它描绘的现象。举例来说，大量研究表明，如果外科医生是按成功率来接受评级或获得报酬的，一些医生就会拒绝对病情较复杂或病情严重的患者施术。排除更困难的病例（因为它们存在结果不佳的可能性），提高了外科医生的成功率，也就提高了他们的指标、名声和报酬。当然，这么做的代价是，牺牲了被拒做手术的患者的性命。但这些死亡并未体现在指标里。

我们会看到，操纵指标的现象发生在每一个领域：警务，基础、中等和高等教育，医疗，非营利组织，当然还有企业。采用绩效指标作为奖惩基础，会带来许多不可避免的问题，操纵指标只是其中之一。有些事物可以测量，有些事物值得测量。但能被测量的东西，不见得总是值得测量；得到测量的东西，跟我们真正想知道的东西，有可能毫无关系。测量的成本可能高于收益。被测量的东西，有可能让我们从真正在乎的事情上分散了精力。测量给我们带来的或许是扭曲的知识——看似可靠，实则具有欺骗性的知识。

我们生活在测量问责制的时代，奖励测量绩效的时代，我们相信，通过“透明度”来宣传这些指标是有益的。但是，用指标和透明度来落实问责制的做法具有欺骗性。问责制的本意应该是，要人对自己的行为负责。但通过一种语言上的花招，问责制的意思逐渐变成通过标准化测量来证明成功，就好像只有能被计算的东西才真正算数。另一个经常被视为理所当然的假设是，“问责制”要求让对绩效的衡量公开化，即“透明度”。

“指标固恋”（metric fixation）指的是，哪怕面对说明此举效果不佳的证据，仍然有着貌似不可抗拒的压力，要去衡量绩效，公开宣传绩效，并奖励绩效。

我们会看到，如果使用得当的话，测量是件好事。透明度也一样。但它们也可能产生扭曲、转移、取代、分心和阻挠的后果。一方面，我们注定要生活在测量的时代，但另一方面，这个时代的测量，很多是错误测量、过度测量、误导性测量和适得其反的测量。这本书不是要揭示测量有多么邪恶，而是想指出，试图用标准化的绩效测量去代替基于经验的个人判断力，会造成哪些非计划性的负面后果。问题不在于测量，而是过度测量和不当测量——指标没问题，指标固恋则大有问题。

我们经常听说，收集测量绩效的指标，将之公之于众，这是改善我们机构运转的一种方式。问责制、绩效指标和透明度的美德，在医学领域最受欢迎。这也很好理解，因为医学领域涉及的利害更重大。医疗健康部门不仅占美国经济的17%以上，人们的生命也维系于此。无疑，这里的逻辑进一步认为，对绩效的测量，将有助于节省资金，拯救性命。

收集外科医生的手术成功率，或者入住特定医院的患者的存活率等标准化信息，照理说是为了发挥有益作用。因为，要是政府机构或私营保险公司根据医生或医院维持患者生命的成功率，来为之支付报酬，那么这种测量应该能创造出动力，让医生、医院实现更好的医疗护理。如果将医生和医院的成功率公之于众，那么，由此带来的透明度，就有助于公众选择医生和医院。一言以蔽之，指标、问责制和透明度，将为困扰医疗行业的问题提供解决之道。这会出什么问题呢？

我们已经看到，出问题的地方太多了。如果以分数来作为奖惩的基础，外科医生，就跟接受这种审查的其他行业从业者一样，会搞“抹奶油”的把戏，避免风险较高的病例。如果按照手术后未能活过30天的患者百分比来对医院进行处罚，那么，一些患者就会被强行维持性命到31天，这样，他们的死亡率就不会反映在医院的指标里。[2]英格兰曾想要减少急诊病房的候诊时间，卫生署采取了一项政策，惩罚候诊时间超过4小时的医院。项目成功了——至少表面上看是这样。但实际上，一些医院的做法是，把来就诊的患者放在门外的救护车里排队，不让他们进医院的大门，直到工作人员相信患者 4 小时之内有医生可看才放进去。[3]

我们将更深入地探讨医学领域的这些问题。但令人震惊的是，医疗保健行业里出现的问题，也出现在其他许多机构里：在义务教育和大学教育里，在警务和其他公共服务里，在商业和金融行业，甚至在慈善组织里。在这些领域工作的人对所在机构的问题会有一定的察觉。社会科学家已经在相关领域对它们做过检查和剖析。但有一点基本上遭到了忽视：各种机构所设立的绩效指标、问责制和透明度，反复招致了同样的非计划的负面后果。[4]

你一旦觉察到指标固恋，恰如其他恍然大悟的时候一样，你很可能会发现它无处不在——绝不限于电视剧集里。

指标固恋的口号响彻我们身边。谷歌的 Ngram（它能即时搜索成千上万的扫描版书籍和其他出版物）为我们文化和社会所发生的变化，提供了一幅粗略但极为生动的画像。在页面上按年份设置参数，键入术语或短语，就会弹出一幅图表，显示相应的词汇从 1800 年到现在的出现率。输入“问责制”，你将看到一条线从 1965 年左右开始逐渐上扬，1985 年后提升幅度不断增加。“指标”一词也一样，在 1985 年前后急剧增加。“基准”和“绩效指标”也都遵循相同的模式。

本书主张，虽然问责指标确有潜力成为宝贵的工具，但其优点被夸大了，其成本则被低估了。本书将提供病因分析，并加以诊断，但是也会给予一份“预后”（prognosis）建议——如何避免指标固恋，以及如何减轻它所造成的痛苦。

指标固恋的最突出特征是，想要用标准化测量取代基于经验做出的判断。据说，判断是个人的、主观的、自利的。相反，指标理应提供确定而客观的信息。这里的策略是，向实现了最高指标，或者达到基准或目标的人提供奖励，惩罚落后者，从而改善机构效率。建立在这些假设上的政策，已被推进了几十年，从 Ngram 图表上不断上扬的曲线可以看出，它们假设的真理也在往前推进。

诚然，很多情况下，基于标准化测量所做出的决策，的确优于基于个人经验和专业知识所做出的判断。在个人从业者的经验过于有限，因而无法形成对于效力的直觉和可靠权衡的时候，建立在大数据基础上的决定是有益的。举例来说，当医生碰到罕见疾病的症状，最好建议她依靠由大量病例汇总的规范化诊断标准。事实证明，在航空公司和医疗等多变的领域，核对清单（怎样应对常规状况的标准化程序）很有价值。[5]而且，正如《点球成金》（*Moneyball*）一书中所述，统计分析有时会发现一些可被清楚测量但遭到忽视的特征，它们本来有着重大的意义，但建立在经验积累基础上的直觉却对它们认识不足。[6]

做得明智的话，测量从前未被测量的东西，可以带来真正的收益。测量绩效（同时避免落入陷阱）的尝试，在本质上是可取的。如果实际测量到的东西，是我们有意要测量的东西的合理的替代指标，那么，测量有助于帮助从业者（个人或组织）评估自身的绩效。但倘若此类测量成了奖惩的标准（即指标成了绩效薪酬或评价的基础），问题就出现了。

关于测量绩效的方案有着极具欺骗性的吸引力，因为它们往往通过辨识出最令人震惊的错误或疏漏，对自己加以“证明”，接着便应用于所有案例。适合用来发现真实不当行为的工具，变成了测量一切绩效的工具。测量绩效带来的初步结果，可能会令绩效不佳者加以改善，或退出市场。但许多时候，标准化测量的大范围普及，可能会削弱效用，甚至有违初衷——从明智的解决方案，变成指标狂热。最重要的是，一心想要测量不可测量的东西，量化不可量化的东西，测量就可能适得其反。

权力、金钱和地位的切实利益在受到威胁。指标固恋使得资源从一线生产者转移到管理者、行政人员，以及那些收集并操纵数据的人手里。

当管理者以指标作为控制专业人士的工具时，指标往往会在管理者和专业人士（医生、护士、警察、教师、教授等等）之间制造一种紧张态势，前者试图测量并奖励绩效，后者着眼于道德。专业精神的基础是：通过长期的教育和训练过程，掌握专业的知识体系；对自己所属专业群体的认同，对同事的责任感；对内在奖励的高度重视；对客户利益的承诺高于成本考量。[7]

这种紧张态势有时是必要也可取的，因为专业精神往往忽视成本和机会成本的问题。也就是说，专业人员大多只看得到自己提供更多服务带来的优势，却难得注意到资源的限制，看不出还有什么别的替代方案。专业人士不喜欢考虑成本。关注指标的人正相反。如果两群人互相合作，结果也许令双方都更满意。但要是他们互相挖坑，就会导致矛盾冲突，士气低落。

有时候，从合理地应用指标到疯狂地应用指标，背后有利益在作祟；但另一个原因同样重要，那就是不加批判地采用“指标意识形态”。与每一种文化一样，指标问责制文化拥有一套不容置疑的独特神圣术语，及其特征性的盲点。[8]不过，它在今天所占据的优势地位太显赫了，使得人们往往无视它的缺陷。

你兴许想知道，一个历史学家，怎么想起要写一本关于“指标的暴政”（tyranny of metrics）的书呢。这是因为，我逐渐意识到，我自己专业经历中令人不安的一些发展，反映了我们社会里一种存在范围大得多的模式。当我渐渐理解，正在破坏我狭窄专业领域的文化模式，也扭曲了大量当代机制时，微观层面的不满就导向了宏观层面的分析。

我受这个主题的吸引，源自在一所私立大学担任历史系主任的经历。这样一份工作，涉及很多方面：指导教职员工，帮助他们作为学者和教师得到发展；雇用新的教师；努力确保教给了学生必要的课程；和其他系主任和大学行政部门的其他人员维持良好关系。这些责任，要高于我的单纯教师身份：仅仅负责教学，搞研究，跟上自己的专业领域。我对这些工作角色感到颇为满意。我花时间思考，跟教职员工合作，好让他们成长为更优秀的教师和学者。我深为我们所教授的课程的范围和质量自豪，跟其他院系的关系也很好。教学、研究和写作，都面临很高的要求，但也令人惬意。

后来，情况开始起变化。像所有学院和大学一样，每隔 10 年，我们机构就要接受美国中部各州校院高等教育评审会这一认证实体的评估。它发布了一份报告，要求确定更多指标，作为将来“评估”（assessments，这是高等教育界的一个流行说法，意思是更多的绩效测量）的基础。不久，我发现自己的时间越来越多地用于回答有关本系活动的统计性信息问题，而且这些统计性信息问题也变得越来越多，进而减少了我从事研究、教学和指导等任务的时间。有一些新的量表被用于评估我们专业毕业生的成绩——而这类量表，并未对我们从前的测量工具（即分数）新增任何有用的见解。我想出一种办法迅速搞定这一切，同时无须占用太多教员的时间，也就是简单地把教员给学生打的分数，换算成用于评估目的的四类量表。随着时间的推移，收集和处理信息反过来要求大学雇用更多的数据专家。（甚至需要指定一位副校长来专门负责评估。）有一些报告真的有用，例如，制作能显示每门课程平均成绩的电子表格。但是大部分信息都没有实际用处，甚至看都没人看。然而，一旦绩效文档文化流行起来，各系的主任就会发现自己进入了数据的“军备竞赛”当中。我领导本系完成了长达一年的院系自我评估——事实证明，这项练习还蛮有用的。但我把它送入官僚链条之前，他们又敦促我新增更多的统计附录——因为要是我不这么做，报告看起来就不如其他院系严谨。一位系主任同行（这是个踏踏实实的资深学者）把暑假的大部分时间用来编撰了整整一本活页夹的数据，并附加了彩色图表，试图说服院长需要为自己所在院系新增一名教员。

我的经历恼人，但算不上惨痛打击：是如芒在背，但不是一记重拳。但它激发我更深入地探究到底是什么力量，促成了这种把时间和精力浪费到旁枝末节上的做法。激发高校生成更多数据的中部各州评审会，是在美国教育部的授权下展开运作的。而教育部，在玛格丽特·斯佩林斯（Margaret Spellings）的领导下，曾召集过一个高等教育未来委员会（Commission on the Future of Higher Education），该委员会于2006年发布报告，强调需要加强问责制，收集更多数据，还指示地区认证机构把“绩效结果”视为评估的核心。[9]反过来，这种评估模式，传到中部各州评审会，又从中部各州评审会传到我所在大学的行政部门，最终施加到我身上。2001年通过《不让一个孩子掉队法案》（No Child Left Behind Act）的时候，斯佩林斯是乔治·W. 布什总统的国内政策委员会主任。起初，我承认这一立法是个积极举措——它根据学生的标准化考试得分扩大了对教师和学校的评估。但随着时间的推移，我开始听到昔日的支持者，比如教育部前副部长黛安娜·拉维奇（Diane Ravitch）对它的批评。我认识的一些课堂老师也告诉我，他们喜欢教学，但对课程施加的愈发严格的控制（这是为了最大限度提高考试成绩），正消耗着他们的热情。

这些说法使得我运用自己的知识工具包，对测量与绩效奖励文化（它正日复一日渗透到更多机构）更宽泛的历史及文化根源，及其当代表现形式，展开了调查。我的专业兴趣一直游走于历史、经济、社会学和政治的重叠地带。我素来对所谓的“公共政策”历史感兴趣，还出版过一本书，把亚当·斯密视为一位公共政策分析师来加以探讨。我写过对于公共政策的保守处理方法的历史，还写到过一些思想家，比如英国哲学家迈克尔·奥克肖特（Michael Oakeshott）、弗里德里希·哈耶克（Friedrich Hayek），他们对神化测量绩效的当代实践曾提供过重要洞见。我还对资本社会的历史产生过兴趣，尤其是知识分子对企业的社会、道德、政治先决条件和衍生后果的思考。我写过一些现代西方知识分子，他们普遍关心的一点是：企业及经济学科的概念和癖性，对生活的其他领域有哪些潜在的有害溢出效应。故此，我个人的专业性不满的偶然经历，激发我本着自己的广泛兴趣去展开研究。这本书背后的精神，来自伟大的维多利亚时代文化评论家、教育家马修·阿诺德（Matthew Arnold），以及我的老师罗伯特·默顿（Robert K. Merton），是他教会了我观察社会行动出乎意料的非计划性后果——而它们，也造就了学术上的意外之得。[10]

我着手研究这些议题时，哈佛商学院的社会学家雷克什·克赫纳（Rakesh Khurana）所著的《从高目标到雇佣兵：美国商学院的社会转型以及作为职业的管理的未竟承诺》（*From Higher Aims to Hired Hands: The Social Transformation of American Business Schools and the Unfulfilled Promise of Management as a Profession*）

打开了我的视野，让我关注到商学院本身的知识史，以及商学院所授课程更广泛的影响。这些见解促使我对管理领域不断变化的文化及意识形态展开了更广泛的研究。阿德里安·伍尔德里奇（Adrian Wooldridge）的《巫医》（*The Witch Doctors*，不过，本书的第二版改了个更中性的名字，叫《管理大师》［*Masters of Management*］），很好地捕捉到了这一领域有时可疑的特质。

我开始翻阅大量的学术文献，包括经济学和政治学、历史学、人类学、心理学、社会学、公共行政学和组织行为学。关于现实世界中教师、教授、医生和警察实际行为的社会科学研究，我做了大范围的援引。

在翻检各个领域的相关主题学术文献的过程中，我惊讶地发现：不光各学科彼此隔离，学术研究和现实实践之间也有着巨大的鸿沟。比方说，我发现，近年来论述激励和动机的经济学文献，其实就是心理学家的旧发现的一种形式化。然而，具有判断力的管理者，早就熟知了心理学家发现的大部分内容。不过，虽然就为测量绩效所付出的代价而言，心理学和经济学领域为数不少的学术文献，都对其前提和效力提出了质疑，但它们似乎并未有效阻止指标固恋的扩散。[11]

这就是我撰写本书的原因。这本书没有讲太多全新的内容——它建立在综合研究之上，建立在来自其他许多作者的见解之上。与“指标固恋”（这是我自创的说法）相关的许多功能障碍，早就有学者对一个领域又一个领域——教育、医学、警务、利润导向型企业和非营利组织——做过记录，进行过分析。一些组织行为的研究工作者，对成功与功能障碍的一些更普遍模式做过分析，只不过，他们的论述，发表在一些相当专业的渠道。但把所有这些资料放到一起，让在这些机构里工作和做指导的人（从决定教育及医疗系统命运的政治家，到企业董事会成员，到大学及非营利组织的管理人员，再到系主任这类苦工）全都能接触到，这样的工作还没有人做过。本书是为了这些人而写。更广泛地说，只要有人想理解为什么那么多当代组织运作得不够好，它们不光打击组织内员工的积极性，还削弱生产力，就不妨看看这本书。

尽管本书论点的主旨与许多当代机制的既有智慧相悖，但我的目标不是标新立异，而是要提炼智慧的精华。要是读者希望把本书的论点放到一些现有的意识形态框架下，大概会感到失望，因为它不仅来自多个学科，还来自多种政治倾向。任何能找到证据和见解的地方，我都不愿放过。我希望，读者们在阅读本书时，也能秉持同样开放的心态。

PART 1 论　点

1

第 1 章 | 论点简述

近几十年来，有一种文化模式变得愈发普遍，席卷了各行各业范围越来越大的机制。根据个人爱好，人们可以把它称为一种文化“模因”“知识”（episteme）、“话语”“范式”，一套“自我强化的修辞系统”，[1]或者简单干脆地说，一种时尚。它有自己的词汇表和主要术语。它影响着人们探讨世界的方式，进而影响了他们对世界的思考，对自己在这个世界的行为方式。[2]为方便起见，我将它称为“指标固恋”。

指标固恋的一项关键前提，涉及测量和改进之间的关系。有一句名言，据说（可惜是错的）来自伟大的 19 世纪物理学家开尔文勋爵（Lord Kelvin，即威廉 · 汤姆森）：“无法测量的东西就无法改进。”1986 年，美国管理大师汤姆 · 彼得斯（Tom Peters）接受了这样一句座右铭：“可测量的才可完成。”而这句话，成了对指标的基础信念。[3]随着时间的推移，一些人得出结论：“凡可测量的，都可改进。”[4]

当指标的支持者提倡“问责制”时，他们心照不宣地把这个词的两种含义结合起来。一方面，负责（to be accountable）意味着承担责任。但它还有“能够被计算”的意思。“问责制”的倡导者通常认为，只有通过计算，机构才能真正负起责任来。因此，能被简化为标准化测量的东西，跟绩效画上了等号。如果指标的支持者还要求“透明度”，他们经常是在巧妙地暗示，廉洁正直需要提供尽量明确且可见的信息。这样一来，就需要更多的文档，更多的使命陈述，更多的“目标设定”。[5]

指标固恋的关键组成部分是

- 相信用基于标准化数据的可比较绩效的数值型指标，替代依靠个人经验和天赋获得的判断力，不但可行，还是可取的；
- 相信公开这些指标（透明）可确保机构履行其目的（问责制）；
- 相信在这些组织内，激励人们的最佳方式是根据其测量绩效进行奖惩，奖励可以是货币性的（绩效薪酬），也可以是声誉上的（排名）。

指标固恋是上述观点的固化，尽管在实践当中，它们会带来一些非计划的负面后果。[6]之所以会这样，是因为不是所有重要的东西都能被测量，能被测量到的东西大多是不重要的。（或者，用一句大家都熟知的格言来说：“不是所有能计算的东西都重要，不是所有重要的东西都可计算。"[7]）大多数组织都有多重目的，而得到了测量和奖励的目的，往往会成为关注重点，同时牺牲了其他的基本目标。类似地，许多工作都分为多个方面，只测量其中一部分，会使人产生忽略其余的动机。[8]如果强调指标的组织意识到这一事实，往往会增加更多的绩效指标——从而制造出瀑布一般的数据，这些数据会越来越没用，而收集数据又消耗了越来越多的时间和资源。

在此过程中，工作的性质往往会发生有害的转变。将与专业人士的职业精神和判断存在冲突的目标强加给他们，会让他们产生反感，降低士气。几乎不可避免，不少人变得精于通过各种方法操纵绩效指标，而他们采用的不少操纵手法，究其根本会令组织运转失调。他们为数据注水，或是只应付那些能够改善其绩效指标的任务。他们不去报告负面个案。若是碰到极端情况，他们会编造证据。

指标固恋的一个常见特征是按绩效付酬，即，对达到可量化的标准的个人或组织提供财务激励。对以获取利润为单一目的而存在的组织，这么做或许行得通，但如我们所见，哪怕是在这样的情况下，它也很少奏效。在员工以更理想化使命为导向的组织（如中小学、大学、医疗机构和医院）里，它的效果就更差了。一旦奖励与测量绩效挂钩，指标固恋就会诱使人做手脚。

由于按绩效付酬背后的动机理论未能充分发展，结果往往有违预期。1975 年，大西洋两岸的两位社会学家，在看似独立发现的个案里，确定了功能障碍的典型模式。因美国社会心理学家唐纳德·T. 坎贝尔（Donald T. Campbell）而得名的“坎贝尔定律”指出：“任何量化的社会指标，越多地用于社会决策，就越容易带来腐败压力，越容易扭曲和腐蚀它意图监管的社会过程。”[9]它的经济领域版，古德哈特定律，则是根据英国经济学家查尔斯·古德哈特（Charles Goodhart）命名的，他说：“任何用于控制的指标都不可靠。”[10]换句话说，任何可测量和奖励的东西，都会被做手脚。我们将在这一主题上看到许多变奏曲。

试图迫使人们将工作与预先确定的数字目标保持一致，往往会压制创新和创造力——这两者，在大多数环境下都是宝贵的品质。它几乎不可避免地导致看重短期目标甚于长期目的的偏差。

要是一个问题本身并没有真正可行的解决方案，此时，绩效数据的收集和公开，充当了一种散发“美德”信号的形式。它并没有实现真正的进展，但收集和公布数据所表现出的努力，满足了道德上的诚挚感。测量的进步取代了实际的进步，变成了对成功的模拟。我们将在教育领域“成绩差距”的案例中看到这一点。

对指标效力的信念，似乎比显示指标往往不管用的证据更为持久，所以，指标固恋蕴含着一种宗教膜拜的元素。揭示其缺乏有效性的研究，要么遭到忽略，要么会被人阐释为，需要更多的数据和更好的测量。渴望效法科学的指标固恋，未免跟宗教太像了。

以上并不是要说测量没用，或是在本质上有害。本书的一个目的，是想要具体说明绩效指标在什么时候真正有用——怎样运用指标，同时不沾染指标固恋的特征性的功能障碍。

下一章“一再出现的缺陷”，对运用绩效指标时最常见的缺陷类型做了划分。对缺陷进行定义和标记，会使我们日后更容易提及它们。接下来，在第二部分，我们将探索指标固恋的起源，它为什么传播开来，为什么哪怕频频失败也经久不衰，还将探讨其缺点的一些更深刻的哲学源头。第三部分包括案例研究，考察新近的绩效记录，它在各个领域（包括 12 年基础教育、高等教育、医疗、警务、军事、商业、慈善和对外援助等）的成功与缺点。这些案例研究旨在提出建议，而非妄下结论。也就是说，它们无意揭示指标固恋在每个领域里所表现的每一种方式。相反，它们提供了一再出现的缺陷及其非计划后果的具体案例，还提供了成功运用指标的例子。我们可以将这些教训应用到其他的领域。紧随这一部分，是对“透明度”主题的简短补记，在某些领域，它是绩效之敌。最后，第四部分利用前面的分析，列举指标固恋的非计划负面后果，并就何时运用指标但不屈从于指标固恋，以及怎样运用指标的问题，提供了一些指导建议。

2

第 2 章 | 一再出现的缺陷

制定指标的动力大多出自最善良的意图，声称能解决真正存在的问题。在某些情况下，一如我们所见，它确实履行了承诺，提供了解决方案，或者至少有助于问题的解决。但几十年来，随着指标功能障碍在更多的机制里扩散，我们有了对指标所带来的负面影响的经验，应该能够预见到它的一些缺陷将不断重复出现。以下清单能帮忙识别并记住这些缺陷。当然，我们在此区分它们的目的是进行分析，而在现实世界中，这些缺陷经常互有交叠。

让我们从信息扭曲的问题开始。

测量最容易测量的元素。人类有一种天然的倾向，把焦点放在最容易测量的元素上以试图简化问题。[1]但最容易测量的元素极少是最重要的东西，实际上，它们有时完全不重要。这是指标功能障碍的第一种源头。

与此密切相关的，是**在期望的结果复杂时测量简单的东西**。大多数工作都有多重职责，大多数组织都有多种目标。只关注测量其中一项责任或目标，往往会带来欺骗性的结果。

测量投入而非结果。通常来说，较之测量努力的结果，测量项目所花的资金或所投入的资源更容易。因此，组织测量自己用掉了什么，而非生产了什么；或是测量流程，而非产品。

通过标准化降低信息质量。量化诱人，因为它对知识做了整理和简化。它提供了定量信息，便于进行人与人、机构与机构之间的比较。[2]但这种简化往往会带来扭曲，因为令事物可接受比较，往往意味着要剥离其背景、历史和意义。[3]这样一来，信息显得比实际情况中更确定、更具权威性：要当心的地方、模棱两可的地方、不确定的地方，都没有了；而用数字形式表达，又最能创造出一副确凿知识的样子。[4]

坎贝尔定律和古德哈特定律都提醒了，利害攸关时人们在指标上做手脚的必然性。在指标上做手脚有很多种形式。

通过“抹奶油”来做手脚。这种情况指的是，从业者靠着寻得更简单的目标，或优先选择挑战性低的客户，从而更便于达到测量目标，同时排除那些难以取得成功的案例。

通过降低标准来改善数字。提高测量分数的一种方法是降低标准以求得分。举例来说，降低合格标准，可以提高高中和大学的毕业率。航空公司通过延长航班的预定飞行时间，可以提高正点率。

通过省略或歪曲数据来改善数字。这一策略是排除引起麻烦的个案，或以让它们从测量范围消失的方式来对案例分类。警方可以将重罪定为轻罪，或是决定不登记报案来“降低”犯罪率。

作弊。作弊比在指标上做手脚更进一步——这种现象的发生频率，往往会随着相关指标涉及的利害提升而增加。如我们所见，随着《不让一个孩子掉队法案》提高了学生考试分数对学校的利害，许多城市的教师和校长的回应是，修改学生的考试答案。

PART 2 背　景

3

第 3 章 | 测量绩效和按绩效付酬的起源

“问责制”“指标”和“绩效指标”已成为文化模因。投入它们的怀抱，预示着为人们带来历史进步列车上的一席之地，因此没有哪位政治家、机构负责人、大学校长或是中小学负责人希望被抛在后面。当指标成为行业硬通货，拒绝使用它就是在冒破产的风险。当选官员和基金会经理都要承担履行诺言的压力。

这种指标的暴政，是怎样出现的呢？又为什么会出现呢？

按测量绩效付酬的部分源头

自由市场之外的组织，如果根据其测量绩效来给予报酬，它们会更为高效——这一观点，似乎最初来自英国维多利亚时代的决策者。1862 年，负责监督教育委员会的自由党议员罗伯特·罗威（Robert Lowe）为政府资助学校提出了一种新方法，以“按结果付费”为基础。1856 年，罗威就曾引导议会通过了资本主义历史上的一项开创性立法，让自己青史留名。这就是《股份公司法案》（Stock Companies Act），它跟前一年通过的《有限责任法案》（Limited Liability Act）一起，根据有限责任原则为企业制定了一套新法律。罗威从改革商业结构，转向了改革受政府资助的学校。

罗威的计划建立在如下前提下："国家在公共教育上的责任是……让最大数量的人获得尽可能最大量的阅读、写作和算数。"[1]学校能否获得政府资助，取决于学生的"3R"成绩。每所学校每年都将有督学视察，检验每名学生的英语和算术。每当有一名学生缺席，或未能成功回答问题，学校的政府资助里就会被扣掉一小笔钱。罗威的改革一定程度是为了削减成本，但最首要的，是要让学校资金跟最基本、最实用技能的可测量结果挂上钩，通过按绩效付酬，让教育也符合以市场为导向的原则。[2]

罗威的计划遭到了伟大的文化评论家马修·阿诺德（Matthew Arnold）的挑战，后者的日常工作职务，正是罗威有意加以改革的学校的政府督察。阿诺德坚定地反对将适合市场的标准扩展到生活的其他领域。他凭借个人的一腔血勇，对自己的政治上级发起了一连串的当众抨击。在一篇题为《两度修订的法典》（The Twice-Revised Code）的文章中，阿诺德批评了法典所暗示的狭隘和机械的教育概念。他指出，明智地阅读的能力，主要不是靠狭隘的阅读课所培养，而是来自更宽泛的培养，在家庭里耳濡目染，或是，来自学校环境创造出的对阅读的精神渴望。因此，学校的目标应该是"一般性的知识培养"，没有它，阅读和写作技能就无法得到培养。[3]他感叹道，政府只想着资助最基本的教育，却未能回应"下层阶级自我提升的强烈渴望”。[4] 由于进行学年考试时，许多贫困学生必然会缺席，或是未能通过考试，他预测，拟议改革的净效果将是减少针对穷苦民众的学校的资金。他总结说，民众的教育必然随意牺牲给“经济之友”。[5]

阿诺德经常发现，在自己所巡视的学校，学生们被填鸭式地塞进了大量的事实和算术，但却欠缺分析能力，完全无法理解复杂的散文或诗歌。学校教给他们的不是推理，而是死记硬背。[6] 在采用“按绩效付款”之前（采用之后更是如此），他就批评这样的教育“不利于造就学生，人性化不足……它的大部分内容，学校管理者视为宝贵结果的东西，其实只不过是机械性的”。[7] 这种把教育视为机器的概念，是针对阅读、写作和计算的可测量成果来设计的，能基于可测量的产出来给予奖励，它在此后的数十年里起起伏伏，并在 20 世纪末形成了一股巨大的浪潮。

在随后的每一波浪潮中，我们都能遇到像阿诺德这样的批评者，他们指出，将奖励与标准化测量加以绑定，让人们付出了无法测量的代价。

测量绩效：泰勒主义

始于 20 世纪头 10 年并持续了数十年，席卷全美教育领域的“学校效率运动”当中，能够看到指标固恋的蛛丝马迹。1911 年，沃顿商学院颇具影响力的经济学教授西蒙·帕滕（Simon Patten），要求学校展示“容易看到和测量”的结果，提供它们对社会的贡献的证据。[8]日后的另一些改革者，立志要把工业效率运动的果实带入学校系统。工业效率运动的奠基人是美国工程师弗雷德里克·温斯洛·泰勒（Frederick Winslow Taylor），1911 年，他创造了“科学管理”一词。[9]泰勒分析了工厂里的生铁生产，通过“工时—动作研究”，把整个过程分解为不同的环节，判断每一任务的标准产出水平。对于执行任务时慢于规定时间的工人，每单位产出按较低的标准付酬；对于达到期待的人，则用较高的工资加以奖励。泰勒还提倡用一套精心设计的系统来监督和控制工作场所。[10]他的目标是，通过对工厂车间工作的标准化和提速，来提高效率，进而创造大规模生产。

工作任务的专门化和标准化，对所有活动的记录和报告，金钱的胡萝卜和大棒——这些，都是泰勒及其弟子留给后世的遗产。

泰勒主义的基础是试图用由管理者设计、规划、监督和控制的大规模生产方法，取代工人的隐性知识。“在科学管理下，”他写道，“管理者将承担……把过去由工人所掌握的传统知识全都收集到一起，然后分类、制表，将这些知识简化为规则、定律、公式的责任……因此，旧制度下由工人完成的所有规划，在新制度下必须由管理者根据科学定律来完成。”[11]按照泰勒的说法，“只有通过强制执行标准化方法，强制采用最佳工具和工作条件，强制协作，才能确保工作更快完成。强制采纳标准、强制执行合作的责任，仅仅在于管理层”。（区别显示为原书所加）[12]

泰勒主义“必须通过标准化和监控获得更高效率”的主题，反映在了具有广泛影响力的教科书《公立学校管理》（*Public School Administration*）中。此书出版于 1916 年，是斯坦福大学教育学院院长埃尔伍德 · P. 考伯里（Ellwood P. Cubberley）所著。[13] 自此以后的数十年，根据学生的考试分数来评判教师的观念，就传播开来。教育研究者威廉 · 兰斯洛特（William Lancelot）希望在学年开始和结束时，分别检验学生的数学知识，得出"学生变化分"，借此判断教师对学生学习的贡献。虽然他发现一些教师的确效力更高，但跟随最优秀教师学习的学生，其成绩却只有小幅优势。[14] 21 世纪初，同一观念打着"增值分"的旗号复活，到了奥巴马时代，又摇身一变为"学生发展"。[15]

两次世界大战之间，按泰勒主义加以组织的工厂生产模式，在大范围的制造行业中越来越多地得到采用。到 20 世纪 50 年代，这种生产模式成为通用汽车等企业的常态，社会学家丹尼尔 · 贝尔（Daniel Bell）注意到，在这些企业，"组织和指导生产的（管理）上层结构……将所有可能的脑力劳动都从车间抽取出来；所有事情都集中到规划、计划和设计部门"。这个结果使得底层工人的日常工作越发令人麻木。[16] 到 20 世纪末，指标将把这些组织模式从制造业推广到服务业。

管理和测量

泰勒主义是由工程师设计的，但对于作为标准化测量的问责文化的另一贡献，来自会计行业。会计师罗伯特 · 麦克纳马拉

（Robert McNamara）在 24 岁时成为哈佛商学院最年轻的教授，他将指标的信息传递给了美国规模最大的组织：美国军队。

麦克纳马拉从商学院教授崛起为福特汽车公司高管、国防部长，最后成为世界银行行长的数十年间，见证了美国商学院的转型。在较早的时代，商学院一直致力于让学生为特定行业和企业的工作做好准备。从 20 世纪 50 年代开始，商学院的理想变成了，造就总经理，为其配备一整套独立于特定行业的技能。

按照现在的定义，管理专业知识的核心是一套独特的技能和技术，以掌握定量方法为焦点。[17]基于数字的决策被视为科学，因为数字被认为意味着客观性和准确性。[18]传播这一全新智慧的管理理论家和大师，其地位上升到雪莱形容的诗人所达到的高度："人类未获承认的立法者。"[19]

此前，"专业知识"（expertise）意味着在特定领域通过职业生涯长期积累的知识，比如在同一机构或企业里顺着阶梯一级一级地往上走，从而累积经济学家所说的"针对具体任务的实用知识"（task-specific know-how）。汽车公司的高管被叫作"搞车的家伙"，也就是在汽车行业度过了大部分职业生涯的人。但这类管理人员，越来越多地被麦克纳马拉式的"账房先生"所替代，他们擅长计算成本和利润率。[20]

随着时间的推移，这种将管理转变为一种科学，让有雄心壮志者为美国企业的高管岗位做好准备的尝试，演变成了管理主义的信条。基于经验和深厚背景知识的判断力，其作用遭到了淡化。管理主义的前提是，组织（包括私营公司、政府机构和大学）之间的差异不如相似性重要。因此，所有组织的绩效，都可以用相同的管理技术和技能工具包来优化。[21]我们或许可以把基于经验的判断力和专业知识看成润滑剂，靠着提供“针对具体任务的实用知识”，让组织蓬勃发展。但在指标的魔咒下，管理主义则倾向于忽视这一切（即便它其实并无蔑视之心）。

麦克纳马拉担任国防部长负责越南战争期间，支持把“敌军遗体数量”作为衡量美国在赢得战争方面取得进展的可靠指标。然而，前线的将军们却很少有人认为敌军遗体数量是成功的有效衡量指标，他们许多人都知道，数据太过夸张，甚至是彻底编造出来的。[22]其结果，用肯内特·库基尔（Kenneth Cukier）和维克多·麦尔-勋伯格（Viktor Mayer-Schönberger）精炼的描述，就是“量化的泥潭”。[23]

麦克纳马拉的五角大楼，按军事战略家爱德华·鲁特瓦克（Edward Luttwak）的说法，其特点是“用民用数学分析，批量化地替代军事专业知识。‘系统分析师’这个新角色，引入了新的知识学科标准，极大地改进了簿记方法，但他们所受过的训练，无法理解军事力量最重要的方面，而这恰恰是最难以测量的”。[24]各武装部队力求最大限度地提高可测量的“产出”：空军通过轰炸飞行的次数，炮兵通过发射的炮弹数量，步兵通过敌军的遗体数量，这反映了麦克纳马拉及其同僚在五角大楼里设计的统计指标。但是，一如鲁特瓦克所写道：“在没有前线的战争里，也就是说，地图上没有清晰界限可表明胜利或失败的条件下，唯一可衡量进展的，必然是无法被量化的政治结果，即：对敌人继续作战的意志的影响。”[25]

鲁特瓦克对美国军事机构的批评，出版于1984年，聚焦于如下事实：它的文职和军人领导层都充满了管理精神，追求与军队所需的战略思想不一致的可测量“效率”。“在文职官员（他们中许多人毫不关心战略、作战技术和战术，让自己表现得像什么都能管理的管理者，无论其内容如何）的指引下，军事机构本身早就接受了以追求商业效力为最高目标。”军官们越来越多地吸收了管理视角，追求工商管理、管理或经济学方面的学位。这导致了鲁特瓦克所谓的“物质主义偏见”（materialist bias），即致力于测量投入和有形产出（如火力），而非无形的人力因素，如战略、领导力、团队凝聚力和军人士气。[26]能被准确测量的东西，往往掩盖了真正重要的东西。“物质投入都是铁硬的事实，是用美元和美分精确表达的成本，而无形的东西甚至难以定义，而且大部分都完全无法被测量。”他指出。[27]

无论鲁特瓦克的描述是否完全公正，他所批评的美国军事机构的大部分弊病，还将扩散到美国及世界其他地区的各种机构。

指标固恋的一大传播途径是管理顾问的崛起，他们具备了定量分析的管理技能，并奉行一条至高格言：“无法测量的，就无法管理。”[28]依靠数字和量化操作，他们不仅营造出以“确凿”证据为基础的科学专业知识的印象，而且最大限度地减少了对于相关机制（他们正是向这些机制出售建议）的具体和详尽知识的需求。[29]这种管理文化孜孜以求更多的数据——标准化的、数值型的数据。

4

第4章 | 指标为什么大受欢迎?

正如我们将在案例研究中所见，并将在最后一章以更多篇幅探讨的，在有些环境下，各种各样的指标运作良好。但在其他很多环境下，指标问责制的功能基本失调，或是它带来的成本超过了收益。我们应如何解释测量文化、问责制、透明度的效力，跟其无所不在之间的落差?既然它缺陷如此之多，为什么它还这么受欢迎呢?

尽管我们没有一致答案，也没有确凿证据，但这里有一些合乎情理的猜测。

对判断的不信任

随着信任的走低，对测量问责制和透明度的需求就增加。在有着可观社会流动性和较大种族差异的民主社会，跟测量问责制文化之间，存在选择性亲和关系(elective affinity)。在有着代代相传的稳定上流阶层的社会里，上流社会人士更容易对自己的地位感到安全，更容易彼此信任，从家人那里吸收如何治理的无形知识，这令他们对自己的判断力有更强大的信心（不管这种信心是否公平）。[1]相比之下，在精英不断变化、更加开放的贤能社会里，达到权威地位的人对自己的判断很难觉得太稳妥，更容易追求看似客观的标准来做出决定。数字隐含着客观的味道，它们暗示排除了主观判断。[2]数字是“确凿”的，故此，对那些怀疑自身判断的人来说，显得像是更稳妥的赌注。

数字指标还有着透明和客观的表象（如果人们未曾仔细分析过它们的来源和相关性的话）。它们魅力的很大一部分来自它们似乎很容易为所有人理解。剑桥大学的人文学者斯蒂芬·科里尼（Stefan Collini）观察说：“现代自由民主社会的公开辩论，逐渐将功利主义的评估，与对非机械通用程序的不信任感结合了起来。”[3]

在社会信任度低的文化中，对问责制的数字指标的追求尤其诱人。自 20 世纪 60 年代以来，对权威的不信任一直是美国文化的主旋律。因此，在政治、行政和其他许多领域，人们之所以看重数字，正是因为有了数字后，就可不再依赖掌权者的主观经验判断。对问责指标的追求，对政治阵营的左右两派都施加了魔法。出于民粹主义和平等主义，对基于阶级、专业知识和背景的权威的怀疑态度，与它密切相关。

我们可以从图书大数据分析工具 Google Ngram 中，看到对于“问责制”的更大需求，这是由于 20 世纪 60 年代以来，美国（在相当程度上，其他西方社会也差不多）民众对机制愈发不信任，对建立在专业知识上的权威愈发不满。“每一种职业，都是针对门外汉的阴谋。”萧伯纳在戏剧《医生两难》（*The Doctor's Dilemma*）中这样写道。从 20 世纪 70 年代开始，萧伯纳的这句俏皮话，越来越成为公共政策的实际假设。左右两翼都看重指标，尽管并不见得是出于同样的原因。

怀疑权威是 20 世纪 60 年代后政治左翼固有的一种态度：依赖专家的判断，就是屈从于建制精英阶层的偏见。因此，左翼有理由使用据说客观而科学的测量绩效的标准，推进声称要让机制负责而透明的议程。

在右翼，有人怀疑，公共部门的机制在运营时只考虑自己员工的利益，而非为了客户和选民。这些怀疑有时也不乏根据。在一些学校、警察部门和其他政府机构中，趋炎附势的确是一种现实情况，哪怕并不像批评者说得那么突出，那么普遍。从打破根深蒂固的老人统治束缚的角度看，指标问责制的文化是一种可以理解的尝试。建制机构遭受民粹主义攻击时，也会主动采用指标作为防御手段，证明自身的效力。

缺乏社会信任导致了对指标的推崇，对指标的信任导致了对判断的信任不断减少，这就形成了恶性循环。美国律师菲利普·霍华德（Philip K. Howard）在一系列著作中提出，信任的衰落带来了一种新的思维模式，“在公共决策中避免人为选择，不仅仅成了理论……还成了神学……人为选择被视为太过危险”。因此，“官员不得再本着自己的最佳判断行事”[4]或是行使自由裁量权，即对特定情况下需要什么加以判断。[5]于是这带来了过度监管：一套日益严格的规则之网在各种组织内部撒开，规矩越来越多。[6]很多时候，指标成了收紧这张网的工具。过度测量是过度监管的一种形式，一如错误测量是错误监管的一种形式。

测量绩效的另一个动机来自对诉讼的担心，这是因为美国侵权法中的责任扩张。在 20 世纪的进程中，曾经让医生、医院、制造商、市政当局免于诉讼的理论障碍破裂了。民权和环境法的扩张，进一步鼓励了诉讼。[7]在就业方面，民权法不光为私营企业也为政府机构带去了记录和官样文章的新负担。[8]于是：越来越多的钱花在了律师身上。而人们对“美国是个好打官司的社会”的感知[9]，又制造了可能“吃官司”的焦虑，使得人们倾向于采取防御姿态，规避风险。以最客观的方式记录下所有决策，从而让招聘和晋升的决定对监管机构透明，或是在打官司时能派上用场——这种冲动为测量绩效提供了又一重动力。

对专业主义的批评和对选择的推崇

在政治右翼，对公共机构的不信任带来了一种经常被提及的信念，即非营利部门（政府、中小学和大学）的问题就是它们没有“成本观念”，故此没有办法核算成功或失败。针对这种想法，解决方案是以对于标准化流程的“客观”（数字尤佳）测量的形式，创建一种替代性的底线。

另一股类似趋势，来自对女性健康的倡导，以及随后挑战建制机构（如医生）、力求使之更具响应性的运动。这些活动家希望患者获得对医疗护理的更大控制权。这就包括为患者提供更多的服务提供方作为选择，同时提供更多的信息（包括绩效指标）来指导这些选择。赋权之路上铺满了指标。

在一个又一个的领域，以问责制的名义引入更多的测量，确实揭示了一些真正存在的问题，包括理应以“科学”为基础的各种专业实践，以及从前没人注意过或没得到过记录的绩效差距。这些揭示的影响，一方面削弱了对专业判断的信心；另一方面也造就了寻求解决方案的压力，人们认为，相应的解决方案里必须包括更多的测量，以便监控那些专业精神受到怀疑的专业人士。

跟这些趋势密切相关的是，“消费者选择”这股意识形态的影响力日益增强。人们相信，只要提供信息，人们就能在医疗保健、教育、退休计划等方面做出正确的选择。确实，很多时候，个人是极擅长判断哪些服务提供方最为出众的。但情况也并不绝对如此，在某些领域，个人选择着实叫人担忧。举例来说，在医疗保健领域，涉及医生或医院的选择，要么是患者本就健康，不愿意在医疗事务上费心时做出的；要么是患者正在生病，对自己的决定甚为焦虑（这削弱了患者处理存在冲突的复杂指标的能力）时做出的。然而，到了 20 世纪 90 年代，尽管有大量研究暗示，对患者赋权无助于控制成本或改善保健质量，但把患者视为医疗服务市场中的消费者的模型，仍在左右两翼的政客和决策者中愈发大受欢迎。[10]

成本之病

医药和教育领域的问责制的另一重推动力，源于这些服务的相对成本较之大多数消费品的成本有所上涨。部分原因在于“成本之病”，这一现象最初由经济学家威廉·鲍莫尔（William Baumol）和威廉·鲍恩（William Bowen）于1966年确认。两人观察到，过去100年来，制造业的生产率稳步提高，这主要是技术进步的产物。[11]随着技术发展，全球贸易的进一步密切，大多数消费品的成本不断下降；而相比之下，医疗、教育和类似人工服务的成本高企的问题越来越突出，并成为公众不满的焦点。多年来，尽管难以衡量这些领域的投入、产出和生产率，但上述趋势带来了要求提高效率、加强问责制的公众压力。[12]此外，医疗技术的进步，效力更强的药物，可能使成本走高合乎情理：如果人的寿命延长，或生活更为愉悦，在医院消磨的光阴变短了，提高的成本就可能确有所值。

复杂组织中的领导力

另一些经济力量同样对可量化的测量起到了推波助澜的作用。随着组织（公司、大学、政府机构）规模扩大、更为多样化，顶层管理人员与组织链条末端人员（他们从事组织所致力的实际活动）的距离越来越远。如果机构变得太过庞大、复杂，由不同的部分组成，最高管理层就根本无法理解它。置身高层者面临着大多数人都要面临的认知局限性，程度还远比普通人严重：时间有限，应对信息过载的能力也有限，却必须做出决策。在解决这种“理性受到限制”的问题，以及致力于超出个人理解的事务方面，指标是一种诱人的途径。

举个例子，想象一下，你成了一所大型大学的校长，企业总裁，或是内阁部长。你兴许会依赖有经验下属的知情意见。但下属们说不定有意维持现状——想想已故诗人及历史学家罗伯特·康奎斯特（Robert Conquest）的名言：“面对自己最熟知的东西，人人都是保守派。”但要是你希望在自己刚担任领导的组织里注入活力、带去改变（对刚上任的内阁部长、大学校长和首席执行官们来说，渴望“留下印迹”是一种典型的诱惑），那该怎么办呢？此时，控制“数字”似乎是理解组织最直接的捷径。

问题在于，管理层旨在掌握一家复杂组织的努力，往往会带来伊芙·莫留（Yves Morieux）和彼得·托尔曼（Peter Tollman）所说的“繁复性”（complicatedness）：报告和决策的程序越来越多，这就需要更多的协调部门、会议和报告文章。如此多时间都花在报告、会议和协调上，因此实际做事的时间越发稀少。[13]

在指标固恋的魔咒下，高管们不信任下属的经验判断，更加剧了时间和精力的消耗。高管更乐意尝试通过种种策略来控制下属，而指标是其中的核心组成部分。对持续不断的报告和标准化数据的需求，有意无意地减少了组织较低层级的自主性——这些底层员工对基于指标的创新产生怀疑，却被上级呵斥为不理性或自私自利的“抗拒改变”。

此外，美国的一些官僚机构（企业、政府和非营利组织）有一种文化上的特点，认为每个人都能够也都应该在组织内部和组织之间的等级阶梯上轮岗。这有助于发展深度的专业知识，以便对下属所做工作的意义和“质量重要性”进行严肃评估。故此，对可测量的定量标准的依赖，就表现出了吸引力。

今天，首席执行官、大学校长和政府机构负责人在各组织之间调动的频繁度超过以往。人们常常秉持一种奇特的平等主义幻觉，认为一定能从组织外面找到一个更好的人：组织内部的任何一个人都没好到值得提拔的水平，但来自其他地方的某个人说不定能行。[14]这种假设带来了决策层、高管和管理人员之间的轮换：他们空降到新的岗位上，对即将管理的机构却只具备有限的实质性了解。因此，他们更加依赖于指标，尤其是那种不同组织之间的类似指标（也就是“最佳实践”）。这些从外行变身的“内行”，缺乏对背景的深刻经验知识，更依赖于标准化的测量形式。不仅如此，由于随时惦记着前往另一家组织的更好工作，空降的高管们始终在寻找可供引述的绩效指标，以备猎头公司打来电话时炫耀所需。

信息技术的诱惑

另一个因素是信息技术的普及。20 世纪 80 年代初，电子表格的发明和快速采用，使得制作表格、操纵数字变得简单易行了，这种趋势造成了广泛的后果。1984 年，分析师史蒂芬·列维（Steven Levy）针对这一现象颇具先见之明地写道：

> 电子表格是一种工具，也是一种世界观——认为数字构成了现实……由于电子表格可以完成许多重要的事情，使用电子表格的人往往忽视了一个关键的事实：他们在计算机上创造出来的虚构业务，仅仅是虚构而已。你无法在计算机里复制一桩业务，只能复制它的各个方面。由于数字是电子表格的强项，业务中那些容易体现为数字的方面，就得到了强调。无形因素不太容易被量化。[15]

塞斯·卡拉曼（Seth Klarman）是他那一代人里最成功的一位价值投资者，他认同上述看法，并在 1991 年警告说，电子表格会制造出深度分析的错觉。[16]

自此以后，收集数据的机会越来越多，收集数据的成本又越来越低，对于组织必须要面对的问题，数据成了唯一的答案。一种往往经不起检验的信念浮出水面：收集数据、在组织内部广泛分享数据，能带来某种改进——哪怕大部分信息必须被剥离细微差别和应用背景，从而变成容易转移的“数据”。

5

第5章 | 委托、代理和激励

就在专业知识遭受攻击的同一时期，商业企业同样受到了批评，说它重视管理者的利益甚于股东利益。

这一概念在20世纪70年代不断发展，并通过“委托—代理理论”取得了某种学术地位。[1]在管理文献中，这一理论呼吁，要重视机构的目的跟机构运营者及受雇者的目的之间的差别。股东的利益是实现利润率和股价的最大化，而企业高管的优先考量或许有别于这些目标。委托—代理理论关注的是两者的协调一致问题。它用抽象的术语，表达了对机构的受雇者的普遍怀疑，认为他们不可信任，他们的活动必须接受监控和测量；对那些不具备机构第一手知识的人来说，测量方式必须是透明的；金钱奖励和惩罚是激励“代理”的最有效方式。[2]在这里，数字同样被视为客观性的保障，能够代替深入的知识和个人信任。[3]

委托—代理理论首先带来了按公司的利润和股价，为首席执行官提供奖金的方案。后来，它演变成了向高层管理人员提供公司股票期权的计划。这些做法的理念是，让管理者的动机和公司所有者的动机保持一致，并貌似合理地认为，后者的唯一利益是公司的盈利能力。

委托—代理理论认为，组织就是具有特定利益的人（委托人）和受雇来实现这些利益的人（代理人）之间的关系网络。它的视角来自委托人一方，并假定代理人的利益可能与委托人的利益不同。例如，公司股东的利益，可能是使资本的利润和回报最大化。但是公司管理者的利益，可能是拥有能提升个人地位的豪华办公室、奢侈的私人飞机；而低级别员工的利益，可能是少做事多拿薪水。委托人面对的挑战，是激励代理人执行股东的优先事项，而非代理人自己的优先事项。对委托人来说，由此带来了监控这个必然的问题：他怎么才能知道代理人在做什么，他们将他的目标推进得如何呢？因此，组织就有了双重的任务：怎样向组织的上级提供下级的活动信息，怎样创造出奖励制度，让代理人与委托人的利益保持一致。对信息的追求导致了绩效指标：标准化的数字，能有效地向委托人传达代理人推进委托人目标的情况。调整激励，是指向员工提供与公司利润率挂钩的货币奖励：如果公司赚到了更多的钱，员工也一样。

专业的管理文献从委托—代理理论中得出了结论：管理就是设定明确的目标，接着加以监督和激励。它一方面依赖于信息和报告系统，另一方面依赖于有着巧妙结构的奖励。

新公共管理

从 20 世纪 80 年代开始，这种思维从营利性公司扩展到政府机构、大学和医院等非营利组织。由于对成本不满，对结果也不满，又或者仅仅出于节约的渴望，批评者们主张，这些组织的问题在于它们需要在运作上“更像一家企业”。日后的所谓“新公共管理”的倡导者们，便以此作为战斗口号。委托主体首先是付钱给这些机构和非营利组织的人：就政府而言，就是纳税人。组织的学生、患者或委托人，现在成了它们的“客户”。

对那些试图让此类组织变得更像企业的人来说，难点之一是，没有价格机制可供那些提供资金的人判断，自己花出去的钱是否物有所值。在竞争市场中，消费者可以将商品和服务的价格跟产品的质量进行比较，进而做出明智的购买决定。价格以简洁透明的形式传递了大量信息。但纳税人如何评估中小学、大学、医院、政府机构或慈善组织呢？

为了解决这些困难，试图让非营利组织变得更像企业的人，提出了三种策略。第一是尝试设计测量绩效的指标，作为价格的替代品。[4]第二是根据测量绩效，为在组织中工作的人提供货币奖惩。第三是在绩效指标“透明”（即可公开获得）的提供方之间展开竞争。简而言之，整个设想是在政府和非营利部门内创造市场条件；因此，以“更像企业”的方式经营它们。这就是所谓“新公共管理”的思考方式。它反映的是一股更广泛的趋势，将微观经济学原则引入公共行政和公共政策。[5]

从一开始，就有批评的声音希望人们注意到这种方法的前提就存在缺陷，比如经济学家本特·霍姆斯特罗姆（Bengt Holmstrom）、保罗·米格罗姆（Paul Milgrom），以及加拿大蒙特利尔麦吉尔大学管理学教授亨利·明茨伯格（Henry Mintzberg）。[6] 20 世纪 90 年代中期，明茨伯格指出，新公共管理的倡导者采用的管理概念，是对私营企业中的有效管理者实际所做之事做了简化且夸张的模仿。然而，它确实符合许多管理学系学生在商学院，以及商业咨询方面的大量文献中所学到的内容。即便如此，明茨伯格认为，这对政府和非营利组织来说并不合适。商业企业的许多部门，都有明确的使命来提供特定的产品或服务；但政府机构和非营利组织以肩负多重目标为特点，这些目标难以被孤立开来进行衡量。对只生产单一产品和服务（如签发护照）的政府单位，新公共管理计划是看似合理的解决之道。但这是例外情况，而非普遍规律。此外，企业里对成败有明确的财务标准：可以比较成本和收益来判断利润，管理者可以在此基础上获得奖励。但政府和非营利组织很少有单一目标，而且无法被轻易测量。例如，小学的任务是教学生阅读、写作和算术，这些或许可以通过标准化考试来得到监控。但那些不太容易测量却同样重要的目标，例如培养良好的行为，激发对世界的好奇心，培养创造性思维，又是什么情况呢？

还有一个更大的问题。企业天生就是为了赚取利润，企业员工的工作主要是为了赚钱。（这并不意味着金钱是员工的最终目标，只是说，员工工作基本上是为了赚钱，以用于自身的非货币目的。）选择为政府机构和非营利组织（如中小学、大学、医院或红十字会）工作的人，虽说也有谋生的利益所在，但往往更多地以对组织使命（教育、研究、治疗、救助）的承诺感为动力。他们对金钱奖励诱惑的反应有所不同，因为他们的动机不一样，至少在程度上不一样。[7]

内在和外在奖励

绩效薪酬方案的许多问题可以追溯到一种过于简单，甚至是极度扭曲的人类动机概念，它假设人只受物质奖励的激励而工作。对一些人而言，外在货币奖励带来的激励，不如各种内在心理奖励，包括他们对自己效力组织的承诺感，或对自己所从事的复杂工作的迷恋（因为工作本身具有挑战性、有趣、好玩）。但凡管理过从事复杂任务的员工的人都知道，内在和外在激励的作用是同样显而易见的。20 世纪 70 年代中期，心理学家就对此做了阐述，此后，多位经济学家，包括近年获得诺贝尔经济学奖的让·梯若尔（Jean Tirole）重新发现了它，并作了正式归纳。[8]

认为人们只受对更多金钱的渴望的激励，不免愚蠢；认为人只受内在奖励的激励，又不免有失天真。这里的症结就在于，弄清哪种动机在什么时候最为有效，近年来，社会科学家一直在关注这个问题。

一般而言，外在奖励（绩效薪酬、奖励津贴和奖金）在以赚钱为主要目的的商业组织中最为有效。如果有待完成的任务是分散的，容易测量的，不涉及太多内在兴趣，比如在装配线上生产某种标准化商品，那么，外在奖励也能很好地发挥作用。

一些奖励是提升内在动机。例如，要是奖励是口头的，并主要表达为信息的传递（“你在这件事上做得很好!”），而非施加控制的时候，就能提升内在动机。[9]或者，在事后对卓越的成绩给予奖励，而不是把奖励作为激励提前发放。[10]又或者，在科学或学术等领域，颁发奖品或荣誉称号，认可长期成就。[11]更宽泛地说，如果在员工眼里，高于市场的工资象征着组织对员工绩效的欣赏，那么，它也能强化员工的内在动机。[12]如果对结果的奖励跟代理人自身的使命感相一致，那么内外动机能协同发挥作用，例如：医院因为安全纪录更佳而获得奖励。

但当使命导向型组织试图使用外在奖励，如许以绩效薪酬时，结果有可能适得其反。对内在兴趣高的活动使用外在奖励，会使得人关注奖励而非对任务本身的内在兴趣，或是任务所代表的更宏大使命。结果反而是内在动机的“挤出效应”：员工学会把工作任务主要视为实现货币目标的途径，丧失了为追求机构的宏大使命而工作的兴趣。[13]另一种情况是，他们或许觉得按绩效付酬是对自己职业道德的侮辱，甚至伤害了他们的自尊，暗示他们从事这一工作是为了钱。故此，如果一个人是投资银行家，用外在奖励来激励绩效很合理；但如果一个人是教师或护士，情况就不然。试图把所有东西都变成生意，反而会妨碍手头的实际业务。

的确，它妨碍了实际业务。具有讽刺意味的是，哪怕企业竞相为高管和员工设计以绩效薪酬为基础的奖励方案，而且有人鼓吹这类方案也适用于政府和非营利组织，但到 20 世纪末，顶尖的委托—代理行为理论家却在考察此类制度的弱点。1998年，麻省理工学院组织经济学教授罗伯特·吉本斯（Robert Gibbons）指出，委托人（如企业所有者）从代理人（员工）的多种产出中获利，而代理人的许多产出并非高度可见，或不可用数字形式加以测量。例如，组织依赖于员工进行指导和团队合作，如果员工只关心令自己的测量绩效最大化以获得最高薪酬，那么，他们指导其他员工、展开团队合作就有违自己的利益。因此，代理人的可测量贡献与实际总贡献之间存在差别。这样一来，测量绩效（例如，部门利润的增加，或公司股价的上涨）实际上可能会导致，组织从员工那里获得的自己真正需要的东西反而更少了。此外，寻求用简单的可量化标准来测量和改善绩效，不可避免地会扭曲激励机制。吉本斯总结道，往最好说，对代理人何以从工作中获得奖励，经济模式忽略了其心理动机的范围，使得动机概念变得不完整。而最坏情况下，“基于经济模型的管理实践可能会抑制（甚至破坏）非经济性的现实，如内在动机和社会关系”。[14]

到20世纪末，研究组织行为学的学者，如吉本斯等开始注意到外在动机诉求的缺陷。但此时，基于激励、外在奖励和新公共管理的简单构想的薪酬方案，已经稳稳扎下根来。

这些始于企业领域的管理时尚，迅速蔓延到其他领域，尤其是在盎格鲁-撒克逊地区（英国、美国、澳大利亚和新西兰）。为了努力改善公共部门的管理和效率，玛格丽特·撒切尔的保守党政府设立了官方机构，聘请商人和管理顾问为工作人员，并冠以诸如效率单位、财务管理单位、国家审计署和审计委员会等名称。从英国开始，在兜售“最佳实践”模型和工具的管理大师、顾问及学者们推动下，这股时尚超越国界，传播到澳大利亚和新西兰，以及其他经合组织国家。[15]

6

第 6 章 | 哲学性批判

一如指标文化在政治左右两翼都有推手，它同样也承受着来自思想谱系两侧的批评。从马克思主义左派的角度来看，指标文化助长了对技能的贬低（这有一定的道理），最高层所带来的对生产组织形式的改变，起到了让下属人员的技能和经验贬值的作用。[1] 工作的局限性更大了，目标的定义更为狭隘了，为达到目标所需要发挥的自由裁量权的范围缩小了。

理性主义者的错觉

保守派兼古典自由主义思想家，如迈克尔·奥克肖特（Michael Oakeshott）、迈克尔·波兰尼（Michael Polanyi）和弗里德里希·哈耶克（Friedrich Hayek），也曾对“测量问责制”做过有力的剖析。耶鲁大学的人类学家，自称带有无政府主义倾向的詹姆斯·C. 斯科特（James C. Scott），最近重新发现了他们所做的分析。他们都对两种形式的知识做过区分，一种是程式化的抽象知识，另一种是实践和隐性知识。实践或隐性知识是经验的产物：它可以被学得，但无法用通用公式表达。相比之下，抽象知识是一种技术问题，很容易得到系统化、传达和应用。奥克肖特举过一个著名的例子，抽象的食谱知识可以用烹饪书来传达；但要真正知道怎样运用这些知识（“打蛋”“搅拌混合物”），需要基于经验的实践知识，无法从书籍里学得。奥克肖特批评“理性主义者”误以为处理人类事务无非是应用正确的公式或菜谱。技术知识易于总结为精确的公式，这让它显得具有确定性。他写道，相比之下，

> 实践知识的一个特征是，它不容易被转化为这种公式。它的正常表达是遵循习惯或传统的做事方式，或者，简单地说也就是，去实践。这让它显得不精确，因此具有不确定性，故此，是一种观点和可能性，而非真理。

理性主义者相信技术至高无上，真正的知识只有一种形式，那就是技术知识，因为只有它才能满足确定性的标准，而确定性又是真正知识的标志。在奥克肖特看来，理性主义的错误在于，它未能理解实践知识的必要性，以及对环境特殊性有所认识的必要性。[2]

科学主义

弗里德里希·哈耶克提出了一种相关的批评，他称为“知识的僭妄”（the pretense of knowledge）。20 世纪中期，他批评进行大规模经济计划的尝试，是“科学主义”。他指的是人们操控经济生

活的尝试，仿佛他们能了解构成复杂社会中的生活的所有相关投入和产出。哈耶克认为，竞争性市场的优势在于，它不仅可以让个人运用自己对当地条件的认识，还能为现有的资源寻找新用途，或想象出此前无人知道、未曾料想的新产品和新服务。简而言之，计划的受挫，不仅是因为它无法考虑到各种相关而分散的信息，还因为它阻止了“企业家发现”（entrepreneurial discovery）——如何满足特定的需求，如何提出新的目标。[3]

具有讽刺意味的是，正如一些当代批评家观察到的，对可量化的目标的迷恋，就是指标固恋的核心（尽管执行这些可量化目标的政治家和决策者，大多说自己信赖资本机制），它照搬了苏联制度的许多内在缺陷。正如苏联的计划人员为每家工厂设定生产目标，官僚们也为学校、医院、警察和企业制定可测量的绩效目标。正如苏联工厂管理人员为满足上级设定的数字目标，制造出低劣产品；学校、警察和企业也想方设法，用相应的低劣产品来完成配额：让学生只掌握最低限度的技能就得以毕业，或将重大盗窃改成轻微盗窃，或为银行客户开立假名账户。[4]

哈耶克对科学主义（他还用这个词来指代很大部分的现代经济）的大量批判，也适合“指标意识形态”。通过预先设定一组据说可测量的有限目标，指标固恋会缩减企业或组织的实际目标的覆盖范围。它还排除了组织内部的企业家精神，因为一路上有可能出现值得追求的新目标和新宗旨，但它们并不属于指标要测量的部分。

大批思想家的洞见，可以用如下格言概括：计算是远见卓识者的敌人。我们已经指出，企业家精神取决于经济学家弗兰克·奈特（Frank Knight）所说的“不可测风险”，因为创新带来的潜在益处，无法被精确计算。艾尔菲·科恩（Alfie Kohn）一直对绩效薪酬持批评意见，他简要地说，指标“打压了（人们对）风险的承担，而展开探索、发挥创造力，必然少不了承担风险。如果最终无法获得回报，我们很难抓住机会，尝试各种可能性，跟随直觉的预感”。[5]

詹姆斯·斯科特（James Scott）指出，实际的当地知识的一个特点是，“它达到了所需要的经济性和准确度，不多也不少，恰好能解决手头的问题”。[6]相比之下，指标所承诺的计算准确度或许远高于实际从业者所需，而为达到这种准确程度，说不定要花掉不值得的时间或精力。因此，对准确度的追求说不定是一种浪费，出于这个原因，会遭到那些必须为此牺牲个人时间和聪明才智的人怨恨。

英国自由主义哲学家以赛亚·伯林（Isaiah Berlin）在一篇论述政治判断的文章中指出：“在一个做不到机械准确的领域宣扬或苛求它，哪怕只是在原则上这么做，也会导致盲目，并误导他人。”实际上，伯林对政治判断所发表的看法，也可用到更宽泛的地方：判断是一种理解环境独特之处的技能，它涉及综合而非分析的天赋，“一种领会某种人类情境以及事物结合方式的总体模式的能力”。[7]对整体的感觉，对独特之处的领悟，恰恰是数字指标无法达到的。

凯杜里对撒切尔的批评

1987 年，玛格丽特·撒切尔主导的英国保守党政府为改变高等教育的公共经费制度，制定了广泛的计划。计划规定了大量的新“绩效指标”，各部大臣及其官僚机构根据它们来决定特定大学的资金分配情况。英国著名保守派历史学家和政治理论家埃里·凯杜里（Elie Kedourie）对该计划提出了最为严厉的批评。“经历了 20 年政府资助的铺张浪费，”他写道，“我们现在看到了一股对大学行事方式的不满和不耐烦情绪，这股情绪模糊但强烈……对某种公式或配方的莫名渴望——或许，更多的科学，更多的信息技术，更多的问卷，更多的监控——将科学地（或是神奇地）证明，这么做不是在浪费时间，这么做能把大学跟嗡嗡作响的工业传送带挂上钩。”[8]凯杜里惊讶地想知道，莫非“保守党政府已经在着手推广一套与其宣称的理想和目标并不一致的大学政策”。他总结说，“为解释这种令人费解的事情，人们忍不住要得出这样的结论：政府的政策不是有意识决定的结果，而是对无法抗拒的时代精神的一种无意识的自动反应”。[9]凯杜里断言，一场大骗局正打着“效率”的口号在展开，因为“效率不是一种整体的抽象属性。效率总是与目标相对而言的。如果一家企业的生产要素的回报率大于可比较的另一家企业，那么，前者就更为高效。但大学不是一家企业”。[10]凯杜里认为，假装大学是企业，政府代表大学的客户，那么教育大臣将根据虚假标准来判断什么构成了教育的价值。[11]

问责制的推进

此后的10年里，“问责制”和“绩效衡量”成为美国商界领袖、政治家和决策者的流行语。1993年，比尔·克林顿总统签署了《政府绩效和结果法》，要求所有机构拟定使命陈述、长期战略计划和年度绩效目标，同时说明使用什么样的指标来衡量目标进展。这项法案由共和党议员发起，并由民主党总统签署，得到了两党的支持。[12]2004年，乔治·W. 布什任总统期间，联邦政府历史悠久的总审计局改名为政府问责局。

接下来，我们将进入我们自己的时代，从测量绩效的历史和理论，转到它的当代实践上。

PART 3 测量一切？

案例研究

7

第 7 章 | 大学院校

让我们把高等教育领域当成我们的第一个案例研究吧，因为这里是我进行指标固恋研究的起点。高等院校是国家经济的一个重要部分，也是所有发达社会的核心机构，它们体现了测量绩效的许多特征性缺陷和非计划后果，当然，还有其部分优势。

提升指标：人人都应该上大学

一旦开始迷恋测量，我们很容易就会相信，更多会更好。

在政府和非营利组织的鼓励下，越来越多的美国人开始接受高等教育。例如，根据美国教育部的说法："在当今世界，大学不再是只有部分美国人能负担得起的奢侈品，而是所有美国人的经济、公民和个人需要。"[1]

许多非营利组织也在传达同样的信息，流明基金会（Lumina Foundation）就是其中之一。该基金会的使命是扩大高等教育覆盖面，目标是到 2035 年，让 60% 的美国人拥有大学学位、证书或其他"高质量高等教育证书"。基金会在其官方网站上发起了"更强大的国家”倡议：

> 一切都事关那种学习的证据——量化它，跟踪它，查明它落实和没能落实的地方……流明基金会还与全国各州的政策领导者合作，设定实现目标，制定并实施强有力的州级计划来完成之。到目前为止，26个州制定了严格且具有挑战性的目标——仅去年一年就新增了15个州。大部分州正在采取具体措施，例如执行基于结果的资金调配，改善“发展性”教育，让高等教育变得更廉价，借此提升成就，达成目标。[2]

流明基金会沉迷于指标，并为之鼓吹：它在网站上宣称，“作为一家专注于结果的组织，流明基金会使用一套国家指标来指引我们的工作，衡量我们的影响力，监控美国在达成‘目标2025’方面的进展”。

人们对高等教育在美国社会中所扮演的角色有着广泛共识，而流明基金会的使命正与这种共识相契合：相信应该有更多的人升入大学深造，这样做不仅能增加学生们的终身收入，还能创造国民经济增长。

优胜者增加，优胜就贬值

这一信念，以及它所带来的绩效目标，有可能根本就是错误的。伦敦大学的教育经济学家艾莉森·沃尔夫（Alison Wolf）指出，拥有学士学位者的平均收入，的确高于没有学士学位的人。因此，在个人层面上，对学士学位的追求可能具有经济意义。但在国家层面上，认为有更多的大学毕业生就意味着获得更高的生产力，这种想法是一种谬误。[3]

原因之一是，很大程度上，教育是一种“位置商品”（positional good）——至少对就业市场而言是如此。潜在的雇主可以把学位视为信号：它们可以充当一种捷径，让雇主对工作申请者进行排序。完成高中教育标志着适度的智力水平，以及诸如毅力等人格特质。完成大学暗示上述各方面的水平更高。在一个只有少数人成功完成大学学业的社会里，拥有学士学位就代表了一定的优越性。但社会中拥有学士学位的人所占比例越高，其作为筛选机制的价值就越低。相应的实际情况是：从前只需要高中毕业证书的岗位，现在要求学士学位了。这不是因为工作提出了更高的认知要求，或是需要更高的技能水平，而是因为雇主能够在大量拥有学士学位的求职者中进行选择，同时把达不到这一门槛的人排除掉。这样一来，没有大学学位的人的工资被压低了，而且，许多大学毕业生却干起了不需要接受大学教育也能干好的工作。[4]这就导致了“军备竞赛”：随着消息传开，越来越多的人听说大学文凭是大量初级工作的入场券，也就有越来越多的人去追求学位。

越来越多的人试图获得大学学位，个人方面的动力就在于此。与此同时，政府和私人组织制定了旨在提高大学入学率和毕业率的绩效指标。

高指标，低标准

有更多美国人升入大学这一事实，并不意味着他们已经准备好了上大学，或者说，所有美国人都具备了获得有意义的大学学位的实际能力。

事实上，没有迹象表明有更多离开高中的学生准备好了上大学。[5]准备好上大学的衡量标准之一，是学生在SAT（学术能力评估测试）和ACT（大学入学考试）等考试中的成绩，这两项成绩可预测在大学里的成功率（在某种程度上，它们就是能力测试）。在大多数情况下，只有有望接受高等教育的高中学生才参加这些考试，尽管，为了提高学生成绩，一些州开始强制要求更多的学生参考。(这或许是因果关系错位的一个案例。参加考试的学生大多有着更好成绩。因此，人们错误地推理，让更多学生参加考试，就可以提高成绩水平。问题是，成绩好的学生很可能本来就要参加考试。也就是说，决策者误把原因当成了结果。）ACT测试4门学科：英语、数学、阅读和科学。设计ACT考试的公司构建好了分数基准，如达到基准，就显示考生“充分准备好了升入大学就读”。在最近参加ACT考试的学生中，1/3的学生连1门学科的基准都没达到，4门学科通过了3门的人仅为38%。简而言之，大多数渴望上大学的人都没有表现出上大学的能力。[6]

结果不难预料——尽管没有几个人愿意承认。由于没做好准备就升入社区学院和四年制大学的学生变多了，很大一部分人需要补习课程。这些课程（如今委婉地改名为“发展性”课程）涵盖的是学生本应在高中学习的内容。升入社区学院的学生中有 1/3 都要上发展性阅读课，超过 59%的学生要上发展性数学课。[7] 未做好准备进入大学的学生，也对所在大学构成了额外要求，从而增加了大学教育的成本：高校校园里出现越来越多的“卓越教育”（educational excellence）中心，就是一种对需求的委婉回应，目的是帮助没能达到大学就读水平的学生在课外补习写作和其他技能。

对公立和私立大学的测评和奖励，部分地基于其毕业率，这是高校排名，以及有时候得到经费的标准之一。（想想看，流明基金会鼓励州政府进行“基于结果的资助”。）政府的资金带来了进一步的结果。大学允许更多学生通过考试，用出色的绩效指标透明地展示了自己的问责制。但并不怎么透明的环节是，大学降低了毕业所需达到的标准。[8] 有更多课程采用了容易达到的课业要求。对教授们施加压力（有时是公开的，有时是隐而未宣的）[9]，要他们在给学生打分时大方些。兼任教师在教职员工中所占比例越来越大——要是兼任教师让自己班上相当大一部分学生不及格（哪怕学生的成绩确实不及格），她就不太可能拿到续签合同。

这样一来，更多的学生进入了大学院校。不具备完成大学学业能力却进入大学的学生带来的后果是，越来越多的学生注册就读，却无法取得学位——这是一个广泛而不断增长的现象，它给这么做的学生造成了很大的代价：学费、生活费以及收入损失。[10] 高辍学率似乎表明，入读大学的学生不是太少而是太多了。[11] 而成功获得学位的学生发现，普通学士学位的经济价值在下降，因为它对潜在雇主发送的有关真正能力和成绩的信号越来越弱。[12]意识到这一点之后，富有远见的学生和他们的父母不光寻求进入大学，还寻求进入排名靠前的大学。[13]而这反过来导致了大学排名的“军备竞赛”，这一主题我们稍后再做论述。

降低获得学士学位的标准意味着，把获得大学学位者的百分比作为“人力资本”的指标，制造了公共政策分析中的一项欺骗性的测量单位。经济学家只能评估他们能测量的东西，而他们能测量的东西必须被标准化。因此，研究“人力资本”及其对经济增长贡献的经济学家（他们几乎总是得出结论说，经济就是需要更多的大学毕业生）常常使用大学毕业率作为“人力资本”成就的指标，却忽视了如下事实：不是所有学士学位都一样，有一些可能无法反映人的能力或成绩。这就导致“天真的”经济学家们的探索有了一定的不现实意味，这些人使用具备统计有效性的硬指标，却没多大兴趣探究测量单位的有效性。

努力提高大学入学率和毕业率背后所暗藏的假设是，平均受教育水平的提高会以某种方式转化为更高的国民经济增长水平。但是，大西洋两岸的一些著名经济学家，如英国的艾莉森·沃尔夫，美国的达龙·阿齐默鲁（Daron Acemoglu）和大卫·奥图（David Autor），均得出结论：即便从前是这样，现在情况也不再如此了。当今时代，许多从前需要低等到中等水平的人执行的任务，都已经靠技术来完成。于是，基于创新和技术进步的国民经济增长，在很大程度上不再取决于国民的平均受教育水平，而是取决于那些掌握顶级知识、能力和技能的人的水平。[14] 近几十年来，拥有大学学位的人口比例上升，而经济增长率却下降了。尽管拥有大学毕业证书和没有大学毕业证书的人之间的收入差距依然可观，但大学毕业生收入的下降速度，似乎表明高校毕业生已经供过于求了。[15] 相比之下，熟练工种（如水管工、木匠和电工等靠学徒制，而非大学教育进行培训的职业）的工人存在短缺，这类工人的收入往往比有四年制学位的人更高。[16]

公共政策的目标当然不仅仅是经济增长，大学教育的作用也远不止它对收入产生的效果，这些，我们后面都将探讨。但就目前而言，值得强调的地方是：就算按经济学标准来衡量高等教育，需要更多大学毕业生的测量目标也很成问题。

测量大学绩效的压力

自埃里·凯杜里对玛格丽特·撒切尔的保守党政府的集权政策提出批评，几十年已过去，英国中央政府对高等教育机构的控制已进一步扩张强化。大部分控制采取了通过绩效指标进行管理的形式。对于许多领域的学术研究，其结果是有害的。

和其他地方一样，为达成政府的目标，英格兰也有越来越多的人就读于大学。1970 年，各个年龄段的男女中，只有不到 10% 的人上过大学。到 1997 年，这个数字达到近 1/3，到 2012 年，19 岁的人中有 38% 在接受这样那样的高等教育。[17] 负担这些人的学费，成为一桩愈发繁重的任务，近年来，费用越发被转嫁到了学生自己（或其家人）身上。但政府的支出仍然很大，为了控制开支，实现“价值”，政府越来越多地采用按声称的结果支付的形式进行控制。对各院系和机构的绩效，通过专门用于测量输出的指标来评估。

为了努力获得“价值”，历届英国政府建立了一系列政府机构，带上诸如“质量保证机构”等头衔，负责评估全国的大学。[18]所谓的“教学质量评估”基本上衡量的是遵循各种流程、完成文档工作的程度，跟实际的教学没有太大关系。[19]但由此带来了一个明确的结果，即教授们被迫投入越来越多的时间，用于处理文档工作而不是进行研究或教学。此外，专职人员数量激增，包括新设立的“质量保证员”等职位，专门用于为一度名为“研究评估考核”（Research Assessment Exercise，日后它更名为“研究卓越框架”［Research Excellence Framework］）的评估去收集和分析数据。[20]到2002年，仅在英格兰，这些考核的成本据估计就达到了2.5亿英镑。[21]在其他采用类似绩效衡量系统的国家，如澳大利亚，行政人员数量也出现了类似的迅猛增长。在大多数此类制度下，指标将时间和资源从办实事转向了写文档，从教学和研究人员手里，转到了为“研究评估考核”等同类监管考核去收集、传播数据的人手里。[22]搜索更多数据，意味着更多的数据管理员、更多的官僚机构、更多的昂贵软件系统。具有讽刺意味的是，它还打着控制成本、削减支出的名号。

在美国，功能与之最接近的，是认可各大学和学院的正规性的认证机构。它们是地区范围的，但由于获得联邦资金需要这些机构的认证，它们同样充当着联邦政府的工具。[23]虽然这些组织不像英国同行那样控制资金，但仍扮演着重要角色。近几十年来，以“评估”为名，认证组织所扮演的上述角色，迫使接受其认证的大学院校采用越发复杂的绩效测量标准。[24]

在高等教育中按测量绩效加以奖励，推动者如此鼓吹的理由是，这样能让大学“更像企业”。但企业有着一种天然的限制，不在测量上投入太多时间和金钱，因为一旦达到某个临界点，测量就会减少利润。具有讽刺意味的是，由于大学和其他非营利机构没有这样的底线，政府、认证机构或大学的行政领导层可以无限制地扩展指标。[25]其作用，就是增加成本，或将开支从实干者手里转移到行政人员手中——通常而言，后一种情况也很符合行政人员的利益。近几十年来，几乎没有哪一所大学，其行政人员与教授的比值、行政人员与学生的比值没有出现天文数字般的上升。[26]国家层面的情况也是如此。

排名“军备竞赛”

另一个在高等教育领域越来越有影响力的绩效指标，是大学排名。排名的形式多种多样。在国际层面上，有上海交通大学发布的“世界大学学术排名”（旨在提供“全球基准”，让中国的大学可以据此评估自己的进展，以求在“硬科学”领域迎头追赶，故此，他们对在自然科学和数学领域发表论文和获奖给予了 90% 的权重）[27]，《泰晤士高等教育增刊》发布的涵盖了教学、研究（包括出版物和引用数量）以及“国际化程度”的“世界大学排名”。在美国，最具影响力的排名是《美国新闻与世界报道》发布的大学排名，《福布斯》《新闻周刊》《普林斯顿评论》及《基普林格》（*Kiplinger*）等也都发布有同类排名（其中《基普林格》的排名试图在质量和学费负担之间做出平衡）。这些排名（在英国，它们叫作“名次表”）是声望的重要来源：校友和董事会成员都焦虑地希望自己所在大学获得高度评价，此外潜在的捐助者，当然还有潜在的学生也都持类似愿望。维持或提高大学的排名，往往成为大学校长及其高级行政管理人员的优先事项。[28]事实上，要是能提升学校的排名，美国的一些大学校长还能获得专门规定奖金的合同。其他高级行政管理人员也是如此：由于入学学生的考试成绩是影响排名的一个因素，至少有一所法学院的招生办主任，是部分按照被录取学生的成绩来获得薪酬的。[29]

最近我困惑地发现，一家中等排名的美国大学，在《高等教育纪事报》上每期刊登整版广告，宣传其教职员工正着手处理的重要事宜。由于《纪事报》的主要读者是学者，尤其是学术管理人员，这所并不怎么富裕的大学为何要花大钱进行这么昂贵的广告活动，我百思不得其解。最后，我突然想起来：《美国新闻与世界报道》的大学排名，在很大程度上取决于对大学校长的调查，请这些大学校长对其他大学的声望打分。由于大多数校长根本不了解大多数其他学校的进展，这一标准的有效性相当可疑。上述广告活动旨在提高该大学的知名度，借此提升其在《美国新闻与世界报道》大学排名中的声誉因素。

各大学还在吹嘘其机构和教员成就的精美小册子上花费重金。这些小册子会被邮寄给其他大学的行政管理人员，后者会在《美国新闻与世界报道》的调查中投票。虽然大学（以及大学中的各学院，如法学院等）在这些宣传出版物上花费了数不清的、以百万计的美元，但没有证据表明它们真的起到了效果。实际上，大多数宣传小册子还没打开，就被收件人扔进了垃圾桶。[30]

大学排名重要性的不断提高，除了增加跟教学或研究质量完全无关的支出，还带来了大量新出现的作假手段——通过省略、扭曲数据，来让数字显得更漂亮。对美国法学院的一项新近学术调查，提供了一些例子。按照《美国新闻与世界报道》，法学院的排名部分地取决于其录取的全日制学生的法学院入学考试（LSAT）成绩和平均学分绩点（GPA）。为了改善统计数据，校方以“非全日制”“预科”的名义录取分数较低的学生，这样一来，这类学生的分数就不纳入统计范围。此外，由于转学生的分数不计算在内，许多法学院的招生办公室，会请排名稍低的学院的学生在读完第一年后再转入。学生与教员人数的低比值，也有助于学院的分数。但由于这些比值是在秋季学期测量的，法学院鼓励教师只在春季学期休假。[31]此类对排名系统动手脚的花招绝不限于法学院：许多学院和大学都这么做。[32]

这一切都值得吗？最近的一些研究表明，大学排名中的较小差异对于招生的影响，远不如大学行政部门以为的那么重要；为提高排名所投入的资源，也与其实际效果不成比例。[33] 如果真是这样，这个消息还尚未传递到许多大学管理者耳中。

衡量学术生产力

为了用标准化测量取代主观的质量判断，一些排名组织、政府机构和大学管理者采用了一项标准，即一所学院或大学的教员所发表的学术出版物数量，并使用聚合了此类信息的商用数据库来确定这些出版物的数量。[34] 以下是标准化信息有可能降低其质量的部分原因。

第一个问题是这些数据库往往不可靠：它们的设计目的是测量自然科学领域的产出，但在人文和社会科学领域，它们常给出扭曲的信息。在自然科学和部分行为科学领域，新研究的传播途径主要是在接受同行评审的期刊上发表的论文。但历史等领域却不一样，在这些领域，书籍仍然是最重要的发表形式，因此，如果指标只测量发表的论文数，会带来一幅扭曲的画面。而这仅仅是问题的开始。

如果用出版物的*数量*（不管是论文还是书籍）来评判教员个体，甚至整个院系，那么，人们会有动机产出*更多的*，而不是*更好的*出版物。真正重要的书籍，或许需要进行多年的研究和写作。但如果激励制度奖励的是产出的速度和数量，那么，很有可能，真正重要的作品反而会减少。这似乎正是英国的“研究评估考核”导致的局面：涌现了大量既没有趣味又没人阅读的出版物。[35]这一问题并不局限于人文学科。在自然科学领域同样如此，只按测量绩效评估，会导致对短期出版物而非长期研究能力的偏重。[36]

跟其他地方一样，在学术界，凡是被测量的东西，就有人动手脚。以"影响因子测量"的做法为例。一旦人们意识到，不是所有被刊发的论文都有着同等重要性，就会开发出方法来测量每一篇论文的影响力。它采用两种形式：在"谷歌学术"或商业数据库中计算论文被引用的次数；考虑发表该论文的期刊的"影响因子"，而这个因子，又取决于数据库中引用该期刊上的论文的频率。（当然，这种方法无法区分以下引用："杰瑞·穆勒论述'指标的暴政'的书籍极具启发性，取材广泛，有效驳倒了被如此多组织奉若神明的教条"，和"杰瑞·穆勒的冗长作品构思糟糕，所有的管理者和社会科学家都没拿它当回事"。从统计出的影响力的角度看，这两句话是等价的，都是他人的引用。）此类期刊按学科分组，在大多数情况下，只有被作者所属学科的期刊所引用才会纳入计算。这同样很成问题，因为它对跨学科的论述重视不足（比如我们这本书）。

此外，这里出现了另一个坎贝尔定律（见本书第 1 章）的例子：为了提高自己的引用得分，一些学者组成了非正式的"引用圈"，圈中成员会尽可能多地引用彼此的作品。一些排名较低的期刊，实际上要求发表论文的作者在论文中加入对该期刊中其他论文的引用，以求改善其"影响因子"。[37]

你可能会问，除了把出版物的数量、论文被引用的次数，以及发表论文的期刊的覆盖范围加总起来，还有什么替代做法呢？答案是：专业判断。在某个学系，可由负责人或一个小型委员会来评估教师的生产力，在必要时，负责人或委员会可向其他教员求证，他们会利用他们基于经验积累的知识，来判断一本书或一篇论文的重要性。在终身教职和晋升等重要决策上，委员会将要求跟候选人同一专业的学者给予匿名评估，这是一种形式更为复杂的同行审议。在这一过程中，从引文数据库收集的数字或许会起一定作用，但这个数字同样需要基于经验的判断来评估其价值。这种基于专业经验的判断，恰好能消除过于依赖标准化绩效指标的不利之处。[38]一位专门研究学术排名滥用问题的专家说："在评估个别科学家的生产力时，排名系统往往是一种廉价但无效的方法。这种做法不仅带来了不准确的评估，还使得科学家把主要精力用来追求高排名，其次才是从事有益的科学实践。评估一篇论文或某位学者研究结果的重要性，还有一种更好的办法：读读看。"[39]

排名的价值和局限

《美国新闻与世界报道》等公开排名确实具备一些真正的优点。对不了解的人，它们至少为各大学的相对位置提供了一些初步的指示。它们还促使学院和大学向潜在的学生发布一些可能有用的信息，例如大学的学生保有率和毕业率。但它们大多无法提供能够解释为什么学生保有率和就业率这么高（或这么低）的信息。如果一所大学接收的都是已为就读做好了准备的学生，它往往有着很高的保有率和毕业率。但对于那些旨在教育原本就准备不足的学生的机构，“透明的”指标会让它们显得很失败，哪怕考虑到它们所招收的学生的水平，它们说不定是相对成功的。它们的学生有更大概率需要补习课程，获得学位的可能性较低，还可能在就业市场上表现不佳。一如贫困地区的医院因其较高的再入院率而受到惩罚（我们将在第 9 章加以考察），为低收入学生服务的大学，也有可能因为服务于特定人群（这就是它们的使命）而受到惩罚。排名创造出激励，令大学朝着排名的测量方向前进。得到衡量的对象，将获得关注。这导致大学的同质化，因为大学将放弃各具特色的使命，变得跟竞争对手更加类似。[40]

给大学打分：记分卡

不管是民主党总统还是共和党总统执政，美国的指标大本营中都少不了教育部。在奥巴马总统的第二届任期内，教育部开始着手制定一套精心设计的“高等教育机构评级体系”（Postsecondary Institution Ratings System）。它旨在对所有学院和大学打分，按“性别、种族和其他变量”对数据进行分解，最终将联邦资金与排名联系起来，而排名主要关注的是入学情况、学费高低和结果（包括毕业时的预期收益）。“公众应该知道，在接受‘联邦学生资助’的机构里，学生们表现如何，而在我们评估政府投资和优先事项时，应该考虑这一绩效。”教育部副部长泰德·米切尔（Ted Mitchell）说，“我们还需要为学校创造激励机制，以加快实现最重要目标的进程，例如让低收入学生毕业和降低成本。”[41]政府的综合评级体系计划，遭到大学和国会的反对。最后，教育部决定采用精简版的“大学记分卡”，并于2015年9月公布于众。

这么做当然用心良苦，目的也是解决提供高等教育方面的实际问题。此前存在的一种风险是：近年来发展突飞猛进的营利性教育机构（提供烹饪、汽车修理或健康护理等职业导向教育），声誉记录参差不齐。其中一些公司（如Corinthian和ITT，最近都已被政府关停），按任何标准看都是以敛财为目的的，它们掠夺不知情的潜在学生，承诺学生可以获得学位，找到报酬丰厚的工作。事实上，这些公司的教育质量往往很差，毕业生在就业市场上几乎没有胜算。此外，大约90%的学费从教育部流入营利性公司的金库，贷款却由借款学生偿还。但是，为了应对低端营利机构带来的真正问题，教育部却向所有学院和大学都提出了苛刻的要求。

更大范围的政府问责制指标的倡导者们忽视了一点：学院和大学教育成本增加的真正问题，部分是行政人员队伍不断扩大带来的，许多行政管理岗位是为履行政府规定而设立。前述新计划必定会导致的一个结果，就是提高管理成本，让教员把更多时间从教学和研究中腾出来用于填写表格，以累积数据；同时增加行政人员的数量，让他们收集表格，分析数据，为政府指标提供原始材料。

原计划（即高等教育机构评级体系）的一些建议目标相互排斥，还有一些目标则纯属荒谬。例如，提高大学毕业率的目标，与提高入学率的目标互相矛盾，因为相对弱势的学生，不光经济上更为贫困，学业准备也更差。学生的学业准备得越好，按时毕业的概率越大。因此，让更多准备不足的学生入学的社区学院和其他同类机构，将因为学生的毕业率低而受到惩罚。这些学校当然会试图通过两种方式在数字上做手脚。它们可以提高新生的入学标准，提高其毕业的可能性——代价是入学率的降低。要不然，它们也可以降低毕业标准来做出回应，代价则是教学质量和学位的市场价值的降低。接收更多在经济上、认知上、学业上准备不足的学生，同时还保证更多人毕业，或许是有可能做到的；但它的花费极大，而且跟教育部的另一目标（即降低教育成本），又产生了矛盾。

学院和大学要提供的另一个指标，是学生毕业后的平均收入。这对以职业为重点培养方向的营利性机构来说有其意义，如我们所见，这类机构特别喜欢做夸张的承诺，让学生拿到质量可疑的学位后毕业。但对大多数学院和大学来说，这类信息不仅收集成本高昂，而且极为不可靠——它扭曲十足。许多最优秀的学生将继续接受这样那样的职业深造，这样一来，至少在他们仍然保持学生身份期间，收入必定很低。因此，一毕业就立刻变成沃尔玛接待员的学生，会比他就读医学院的同学获得更高的分数。但这么做会有数字可供显示，故此体现了“问责制”。

接下来是一个更为广泛的问题：大学教育成本不断上涨，涨幅远远超过通胀水平。许多州都在削减对州立大学的财政支持，进一步恶化了学费负担问题。大学学费负担问题中，最不透明的元素恐怕是就读具体学校的实际成本（标价和净价的差距）。标价是正式的学费、住宿费和伙食费；净价是，考虑到基于经济需求或学业成就的经济援助后，学生和家长实际支付的金额。不同学校间的差距，往往大得叫不少人觉得有违直觉：最知名的大学一般也得到了最丰厚的捐赠，有能力为大多数就读学生的本科教育提供基本补贴。因此，一个经济资源匮乏但有着很大发展潜力的学生兴许会发现，就读一所精英大学的实际成本，比表面上学费更便宜的、不那么知名的大学要低。就排名所传递的此类信息而言（比如大学记分卡制度尝试做的），它们的确提供了真正的服务。

奥巴马宣布要以帮助学生及家长“让教育支出的收益最大化”为目标。为实现这个目标，记分卡制度突出了 3 项指标：毕业率、每年的平均学费、在入学后 10 年测量（而不是毕业后立刻测量）的“毕业后薪资”。[42]这些数字很成问题，因为它们只收录了接受联邦援助的学生的数据，故此所得结果仅适用于较差经济背景的学生。由于富裕家庭的学生有更大概率可获得更高收入[43]，薪资数字存在偏差，尽管取决于学生群体的背景情况，不同学院的偏差方向不同。更令人担忧的是，记分卡“未能将学校对薪酬的贡献，跟家庭收入、学生的考试成绩或学位级别对薪酬的合理预期贡献，分离开来”。[44]然而，大学的产出往往与投入高度相关：入学时学术能力较高的学生（他们家长的教育程度也往往更高，或有着更高的收入）在大学成果的标准化评估方面，一般更为成功。[45]布鲁金斯学会（The Brookings Institution）试图加入额外的信息，计算“附加值”（即考虑学生入读时的可用背景数据的情况下，每所学校带来的收入增幅），从而克服上述障碍。此举是希望，“如果有人想要了解特定的某些大学对学生的有偿职业生涯做出了怎样的贡献”，这种指标“将有所帮助”。

指标传递的信息：大学是为了赚钱

先抛开这些指标的准确性和可靠性不谈，让我们来探讨一个更重要的问题：指标本身传递的信息。大学记分卡制度从纯粹的经济角度来对待大学教育：它唯一关注的是投资回报，这被理解为大学的货币成本与学位最终带来的收入增幅之间的关系。当然，这些都是合理的考虑因素：大学费用耗费的家庭收入比例越来越高，或者要求学生背负债务；再说，赚钱也是生活中最重要的任务之一。

但它不是生活的唯一任务，而且，只从提升收入的能力来看待大学教育，也是一种贫乏的观念。[46]然而，这就是大学记分卡制度以及同类指标所体现和鼓励的教育理想。如果我们把培训（为了生产和生存）和教育（为了使生存有意义）区分开来，那么，大学记分卡制度只着眼于前者。[47]事实上，记分卡制度和布鲁金斯制度的确倾向于把专精于工程和技术（即用于生产的东西）的高校排在靠前的位置。相比之下，虽然艺术史课程让你从此以后能在历史背景下理解艺术作品；音乐课程训练你聆听交响乐的主题和变奏曲，或对标准曲调的爵士曲风阐释；文学课程提升你对诗歌的鉴赏能力；经济学课程让你认识关键的经济制度；生物学课程打开你的眼界，看到人类身体里种种结构的奇观——这类课程为你带来终身满足感，但无一能由投资回报率指标来体现。大学通常也是一个建立终生友谊（很多时候还包括最重要的一种情谊——婚姻）的地方。在考虑“投资回报率”时应考虑所有这些因素：但由于它们无法以可量化的方式得到测量，因此无法纳入。

跟许多指标一样，单纯关注投资的货币回报指标的危害在于，它们会影响行为。排名靠前的大学已经将大部分毕业生送到了投资银行、咨询公司和高端律师事务所——全都是报酬丰厚的事业。[48]这些都是受人尊敬的职业，但鼓励最优秀、最聪颖的年轻人选择这些职业，真的符合国家的最优利益吗？学生未来收入在大学排名中的权重，将带来一个可预测的后果：激励各院校将学生引导到收入最高的领域。如果学生毕业后在薪酬较低的领域（比如教育，或是公共服务）寻求事业发展，那么，培养出这种毕业生的大学将处于不利地位。[49]

资本社会的繁荣发展，依赖于机制的多样性，因为后者对只关注货币收益的市场提供了制衡。帮助不同院校的学生为日后的公民、朋友、配偶等角色做好准备，更重要的是，让他们具备相应的素质，迎接日后富含知识的生活——这些都是大学的恰当作用。传授有市场需求的技能当然也是大学的恰当作用。但如果完全从未来赚钱能力这一角度看待高等教育，就等于是用一条彻底弯曲的准绳在测量。

8

第 8 章 | 中小学

对可测量结果的追求，愈发成为美国政府 12 年义务教育政策的核心。用教育历史学家（以及教育部前官员）黛安娜·拉维奇的话来说："州长、企业高管、老布什和克林顿政府都认同：他们想要获得可测量的结果；他们想要知道，投入到公共教育中的税收获得了良好的回报。"[1] 在公共部门，指标的表现形式变成了《不让一个孩子掉队法案》(No Child Left Behind)，这是乔治·W. 布什政府 2001 年颁布的一项重大法案，获得了两党支持，它的正式名称是《通过问责制、灵活性和选择，弥合成绩差距，不让一个孩子掉队法案》。

问题及声称的解决方案

《不让一个孩子掉队法案》旨在解决真正的问题：尽管各州付出了切实的努力来平衡各学区之间的支出，但不同族裔学生群体的在校成绩仍存在差异。改革的倡导者认为，该法案有助于对教师和校长实施问责制，并让教师、学生和学校的行为跟"制度的绩效目标”达成一致，创造出改善结果的激励举措。[2]公立学校教师缺乏专业精神，成为公认的罪魁祸首。

这项立法是10多年来一个成员异常复杂的联盟的大规模游说所促成的，它包括：关心劳动力素质的企业集团；为不同人群的成绩感到困扰的民权团体；因认为公立学校未能达成教育初衷而感到不安，要求设定国家标准、全国性考试和评估的教育改革家。[3]近乎乌托邦式的宣传，大肆吹嘘这些测量的益处。全国商业协会（National Alliance of Business）的威廉·科尔伯格（William Kolberg）断言：“建立国家标准体系，再辅之以评估，将确保每个学生完成义务教育阶段时，在普通学校科目上具备世界级水平的读、写、运算和运用能力。”[4]

在联邦层面上，这项努力的第一个成果是1994年克林顿总统推动通过的《改善美国学校法案》。同一时期，在得克萨斯州，乔治·W. 布什州长成为强制性考试和教育问责制的倡导者。根据布什总统在就职初期颁布的《不让一个孩子掉队法案》，各州将每年对所有3到8年级学生的数学、阅读和科学科目举行考试。该法案旨在让所有学生在2014年之前达到“学业精通水平”，保证每个学校的各族裔学生每年都取得“足够的进步”（并专门挑选了黑人和西班牙裔学生进行比较评估）。对未能让指定学生群体取得足够进步的学校，它实施了一连串不断升级的处罚和制裁。这项法案由参议员爱德华·肯尼迪参与发起，并且在共和党和民主党的支持下由国会两院通过——尽管遭到了更为保守的共和党人的反对，他们不愿意看到联邦的教育权力进一步扩大，一些自由派民主党人也反对此举。[5]

实施 10 多年后，《不让一个孩子掉队法案》的问责制规定并未兑现它当初承诺要带来的好处。(《不让一个孩子掉队法案》的另一些方面，即让家长获得更大的选校范围、建立特许学校、让教师拥有更高的资质，似乎较为成功，但它们超出了本书要讨论的主题。）其倡导者拼命想要抓住任意人口统计群体在任意年级的任意考试中取得的进步，充当《不让一个孩子掉队法案》确有功效的证据。但小学生的考试成绩仅略有提升，而且升速并不比执行该法案前更快；法案对高中生成绩的影响，更是十分有限。

《不让一个孩子掉队法案》的主要影响是唤起了对“成就差距”（即亚裔、白人、黑人和西班牙裔学生之间的学习成绩差异）的更大关注。[6]亚裔往往高于白人，而白人往往又高于黑人和西班牙裔。最显著的是非裔美国学生的持续劣势。《不让一个孩子掉队法案》推出 8 年后，他们的相对分数没有变化。从 20 世纪 70 年代初到 2008 年，全国性考试（如针对 17 岁学生的美国“国家教育进展评估考试”的数学和英语科目）的平均分数，几乎没有变化。事实上，各个群体（亚裔、白人、黑人和西班牙裔）的得分均有所上升，但由于学生的种族构成不断变化（尤其是，西班牙裔学生比例上升，而他们的得分往往远低于亚裔或白人同学），故此，全国平均分数保持稳定。[7]

非计划后果

《不让一个孩子掉队法案》的考试—问责制度带来了一个更为现实的非计划后果，体现了指标固恋的许多特征性缺陷。在该法案之下，标准化考试的分数，就是判断成功和失败的数字指标。教师和校长跟此有着重大利害关系，他们的加薪和饭碗，有时都取决于该绩效指标。因此毫不奇怪，教师（在校长的鼓励下）把课堂时间，从历史、社会研究、艺术、音乐和体育等科目，转移到了要考试的科目上（数学和英语）。数学和英语教学只关注考试所需的技能，而不是更宽泛的认知过程，这就是说：学生往往学到的是应试策略，而非实质性知识。正如 HBO 电视剧《火线》所描述，大量的课堂时间被投入到模拟考试上，这对学生来说很难构成激发学习的源头。由于英语老师教学生们根据简短的段落回答多选题和简答题，学生在阅读和撰写长文章方面反而更加糟糕了——这正应了马修·阿诺德一个半世纪以前的预见。[8]

问题并不在于对标准化考试的应用，只要经过合适的改进，标准化考试是学生能力和进步的有用测量手段。增值考试（Value-added testing），它测量学生每年成绩的进步，也有着实用价值。它有助于锁定表现不佳的教师，这类教师事后也将离开教育系统。[9]更重要的是，增值考试可以充当一种真正有用的诊断工具，教师自己使用它来洞察课程的哪些方面有效，哪些方面无效。但增值考试在“利害关系低”的时候，效果最好。[10]正是因为这些考试被视为评估学校的主要标准，学校才产生了不合理的动机，如关注考试本身，忽视了教书育人的更宽泛目标。

利害攸关的考试还带来其他功能障碍，如做手脚：对得克萨斯州和佛罗里达州的学校进行的研究发现，把成绩较差的学生划入残疾人行列，将其从评估人选中删除，可提高平均成绩。[11]或是彻头彻尾的作弊，教师修改学生的答案，又或者直接不让有可能考低分的学生参加考试——这些现象，在亚特兰大、芝加哥、克利夫兰、达拉斯、休斯敦、华盛顿特区和其他城市都有大量的记录。[12]还有的地方，市长和州长主动改变了规则，或降低考试难度，或降低考试及格的分数，以求提高通过率，证明教育改革取得了成功。[13]

一如坎贝尔定律（第 1 章中做过解释）所指出，通过标准化考试强调测量绩效，带来了另一个不正常的后果：它破坏了考试本身的预测效度。绩效测试旨在评估学生在通识教育中获得的知识和能力。如果教育变得专注于提高学生的考试成绩，那么，考试所测量的，就不再是它意在评估的东西。例如，挪用课堂时间，练习跟考试里类似的多项选择题（可能用的是过去考试里的题目），学生的考试分数兴许会更高——但真正学到的考试科目里的知识却没有增加太多。[14]

《不让一个孩子掉队法案》通过的前几年，英国政府采用了一套独立的对学校系统的指标评估体系。2008 年，一个议会委员会调查了该体系，发现了许多跟美国一样的功能障碍。[15]

对数据加倍下注

尽管《不让一个孩子掉队法案》的考试和问责机制存在缺陷，

但奥巴马政府的教育部却在12年义务教育的问责和指标上加倍下了注。2009年，它推出了“力争上游”计划，利用《美国复苏与再投资法案》的资金，敦促各州“采用大学和职业预备标准和评估；建立数据系统，衡量学生的成长和成功；将学生的成绩跟教师和学校行政管理人员挂钩”。[16]《不让一个孩子掉队法案》主要是衡量学校整体的表现，“力争上游”计划则把绩效指标扩展到了单个教师身上。它向愿意采用其指标议程的州和学区提供资金。现在，教师应根据学生成绩的可测量变化获得奖励。这被称为“增值评分”或“学生进步”。按照它的理解，教师无法对学生原本的分数高低负责，因为这显然取决于教师无法控制的诸多外部因素。但教师应该对学生在一学年中学到了多少知识负责。于是该计划要在学年开始和结束时测试学生，找到“增值”部分（虽然根据种族和家庭背景等风险因素进行过调整），并对教师做相应奖励。在某些州，增值分数占教师评估分数的一半。为了生成“力争上游”计划下评估教师所需的数据，需要对考试和评估再做一轮大规模扩展。[17]

对教师采用增值绩效指标，是受了经济学家的研究结果的刺激。早期的指标显示，确实有一些教师比其他教师更优秀，分配给前者的学生在教育上取得了更大的成功。一些经济学家根据这些有限的指标推断，如果表现糟糕的学生由最顶尖的15%教师来教育，或是将第一年里得分最低的25%教师解雇，即可弥补成绩差距。然而，随着时间的推移，情况变得很明显：年度增值收益，会随着时间而逐渐消退。[18]

绩效的代价

本着跟“力争上游”计划相同的逻辑，各学区开始在自己的绩效薪酬方案上做实验，根据教师的增值指标提供奖金。结果令人失望。2007 年至 2009 年，纽约市做了一项大规模的教师绩效薪酬实验。主持实验的经济学家罗兰德·弗瑞尔（Roland Fryer）得出结论：“没有证据表明针对教师的奖励措施提高了学生成绩、出勤率或毕业率，没有任何证据表明激励措施改变了学生或教师的行为。”[19] 2011 年范德比尔特大学全美绩效激励中心的一项研究得出了相同的结论。它发现，根据增值评定为教师提供奖金，并未带来明显的影响。[20] 此前的研究（可追溯到 20 世纪 80 年代中期）已经得出了相同的结论。尽管证据确凿，政府还是对绩效薪酬有着强烈信心，我们不得不一再揭示它的不足之处。[21]

按测量绩效支付薪资方案的失败，并不能阻止联邦政府朝这类努力投入更多的资源。例如 2010 年，教育部建立教师激励基金，在 27 个州选择了 62 个项目，在为期 5 年的时间里为之划拨 12 亿美元。不光美国在这方面进行尝试。英国、葡萄牙、澳大利亚、智利、墨西哥、以色列和印度，也都有类似的薪酬计划，把教师的加薪、教职和晋升跟测量绩效挂上钩。[22]

始终无法弥合的“成绩差距”

或许，在美国教育领域对这样那样指标的关注背后，透露出的是对种族或人种间的教育程度差异的担忧。这是《不让一个孩子掉队法案》诸多前身以及该法案本身蕴含的主要动机，也始终是奥巴马执政期间教育部政策的核心。2015年底，《不让一个孩子掉队法案》的修订版《让每个学生都成功法案》获得通过，亦以此为目标。（和“不让一个孩子掉队”“伊拉克自由行动”等一样，法案的标题表达了殷切的期待。）这种担忧并不局限于联邦层面：它在许多州和无数市政府的教育政策中都很突出，并在师范学院的议程中占主导地位。学校越来越多地被视为“弥合差距的工厂”。[23]

然而，令人惊讶的是，经过数十年来对这些指标的收集和宣传，结果基本保持未变。黑人和西班牙裔相对于白人的名次位置非常稳定。虽然4年级和8年级的学生受测时有过一些微小的波动，但最终结果（即高中结束，12年级时的指标）几无变化。

全美国的4年级、8年级和12年级学生都要参加阅读和数学考试，这就是美国“国家教育进展评估考试”。专家认为它们是相对可靠的成绩指标，因为，跟其他一些考试不同，它们涉及的利害较低，即，学生、教师和学校的命运均不受考试结果的影响，教师没有动机要窥视试题库、针对考试进行指导或对考试结果舞弊。美国国家教育统计中心每年都发布报告《种族和族裔群体教育成绩的现状和趋势》，比较历年来亚裔、白人/西班牙裔和黑人（还有每一群体中的细分部分）的相对成绩。

它的发现很有说服力。对参加12年级考试的人来说，白人和西班牙裔之间的阅读成绩差距（量表总分为500分，2013年的平均分为288分，差距是22分），2013年和1992年没有区别。白人和黑人之间的差距在 2013 年其实还比 1992 年更大（2013 年是 30 分，1992 年是 24 分）。至于数学，该报告比较了各个组别在 2005 年、2009 年和 2013 年的相对成绩。结果：白人跟黑人、西班牙裔同龄人之间的得分差距保持不变。[24]

学校无法影响教育成绩的相对水平，这应该不足为奇。至少，约翰逊总统执政期间委托编写的《科尔曼报告：平等教育机会》（1966）就指出，众所周知，学校的产出在很大程度上取决于投入：学生的表现与其家长的社会、经济成就和受教育程度密切相关。[25]“好学校”往往集中了更聪明、更好奇、更懂得自控的学生；而这些学生，往往有着相对而言更聪明、更好奇、更自律的父母。由于这些特征有利于成功，并且由于它们往往会在家族中遗传，因此更成功的父母送到学校的孩子，往往有更大可能在教育上实现成功。

因此，学校教育的整体改善，不会带来更平等的结果。一代人以前，政治学家爱德华·班菲尔德（Edward Banfield）就指出：“所有教育都有利于中层或中上层阶级的孩子，因为中层或中上层阶级的人，具备一些特别容易接受教育的特质。”学校质量的改善兴许能提升整体教育成果，但它们往往会增加而非减少美国孩子之间的成绩差距，因为各家庭的人力资本不同。[26]

这样的结果本应让人们得出结论，即成绩差距无法通过教育得到弥合，而且，原因出在学校大门之外。然而，测量还是有增无减。这或许是因为，一如班菲尔德指出，相当多受过教育的美国人从道德上无法接受“有些问题无法解决”这个念头。[27]至于学业成绩的差距，既然结果里似乎没有可辨识的进展，那么，把资源投入到持续不断的测量里，本身就成了道德真诚的象征。

努力弥合差距的代价

当然，英语和数学考试的分数，无法衡量12年义务教育带来的所有益处。这倒不是因为美国“国家教育进展评估考试”的分数是扭曲的，或者无关紧要。它们确实检验了学生对考试科目相关知识的掌握情况。但是，除了学习英语和数学之外，学校还有其他许多的作用：不光是学习其他科目，还刺激学生对世界的兴趣，培养其行为习惯（自控、坚持、与他人协作的能力），提高将来在成年人世界里的成功概率。这些非认知素质的发展，很可能会在课堂上和学校进行，但并不反映在考试成绩这一类的绩效指标上。[28]

事实上，从幼儿园起就越来越重视检验学生的英语和数学能力，这有可能牺牲非学业活动，如创造性游戏和艺术，这些活动有助于个人成长，但不容易测量。[29]此外，让学生接触更优秀的教师，有可能带来学业成绩的提高，但这些增益部分，往往会随着时间的推移而逐渐消失。而非认知收益似乎更为持久。[30]性格发展非常重要，一些立法机构甚至想要把性格测量纳入问责制度！[31]

因此，努力靠指标把学校变成弥合差距的工厂，不仅仅要付出金钱的代价。因为注意力集中在改善低成绩群体的阅读和数学分数上，学校教育学生承担公民职责和历史重任的更宽泛使命遭到了忽视。对成绩较差的学生可能有效的教育策略（例如延长课时，缩短暑假），被扩展到如套用这些策略会适得其反的学生身上。资源不再被用到那些有天赋、有才能的学生身上，他们无法再最大限度地学习知识——而这些学生，很可能恰恰是国家经济绩效的关键所在。[32]

重视测量成绩差距，以及努力想要弥合差距带来的压力，还有着其他让人不安的后果。其一是，教师和学校因未能完成原本力不能及（力不能及的原因，也跟其局限性没有太大关系）的目标而受到责罚。美国“国家教育进展评估考试”“力争上游”和其他类似项目背后的逻辑，把弥合成绩差距的责任，放在了没有权力也没有能力弥合差距的人身上。这本身就是教师士气低落的一个因素。除此之外，教师还面临两难的困境：一方面要追求教育的多重目标，另一方面要为了考试而教书；一方面要遵循其宽泛的职业使命，另一方面又要恪守狭隘的标准，这是他们获得报酬的基础。不管他们选择哪条路，结果都是输。此外，许多教师认为，考试文化和测量问责制所造就的制度，剥夺了他们的自主权，使得他们在设计、执行课程时无法发挥判断力，运用创造力。经验丰富的教师掀起退休潮，更具创造力的教师从公立学校流动到不受指标问责制约束的私立学校。[33]

因此，坚持对测量教育绩效加以奖励，以求弥补成绩差距，实际上是把那些投入到一线儿童教育工作的人当成了牺牲品。并非所有能测量的东西都可得到改进——至少，无法靠测量得到改进。

9

第9章 | 医疗

指标在其他任何领域的流行热度，都比不上在医疗领域。指标在其他任何地方的潜力，也都比不上在医疗领域。而且，医疗领域利害攸关。

不过，在医疗领域，指标同样扮演着各种各样的角色——一些是真正有用的，另一些则价值可疑。

角色之一是提供信息和诊断：跟踪各种治疗方法和流程，对结果进行比较，判定哪些最为成功。这样，其他人就可以遵循成功的方法和流程。

另一个角色是得到公开报告的指标，旨在为消费者提供透明度，以及为供应商提供相互比较和竞争的基础。

还有一个角色是绩效工资，以货币奖励或罚款作为问责制的支撑。倡导在医疗领域使用指标的人，经常不加区分地讨论所有这些极为不同的角色。

近几十年来，使用指标的巨大推动力，不光是提高安全性和有效性，还包括控制成本。

控制成本的财务动力

采用指标控制成本的动力来自多个方向，而且源于各种动机。多年来，医疗费用的增长速度一直快于国民收入，而且，至少在未来10年，预计医疗费用将继续增长：2014年，卫生部门占美国经济的17.5%，到2025年有望增长到20.1%。出现这种情况其实有着充分的原因：健康支出是经济学家所说的“奢侈品”——人们越富裕，就越愿意在这方面花钱。接下来的事实是，随着婴儿潮一代进入老龄，人口中有相当一部分正进入医疗支出最高的年龄。此外，如今出现了更多的特殊药物，药品价格快速增长。《平价医疗法案》的实施意味着越来越高比例的美国医疗保健支出将由政府承担，到2025年，联邦、州和地方政府所负担的医疗总支出份额预计将增加到47%。[1]

医疗保健成本的上升，使得私营保险公司和政府保险机构（在英国，这指的是国民保健制度［National Health Service］；在美国，这指的是联邦医疗保险［Medicare］、联邦政府对各州医疗补助［Medicaid］，以及美国退伍军人事务部）同时向医生和医院施加压力，要求降低报销率，改善结果。在控制成本的压力不断升级的同时，电子健康记录方面的新技术便利了医疗数据的收集，造就了一种利用数据辨识问题的诱惑。其结果是公开报告和按绩效付酬大幅增长，两者都被誉为解决美国和其他各国医疗系统弊病的灵丹妙药。问题切实存在：第三方支付者（保险公司，或者联邦医疗补助、联邦医疗保险等政府机构）需要可靠的证据，证明医生和医院正在以有效、符合成本效益的方式提供服务。但有时候，上述灵丹妙药几乎跟它们想要治疗的弊病一样糟糕。

美国医疗系统的排名

但在我们考察上述灵丹妙药之前，有必要谈一谈用于概括美国医保系统特征的最具影响力的绩效指标，这些指标常常充当需要更多问责制和按测量绩效付酬的证据。它们来自世界卫生组织的《2000 年世界卫生报告》，该报告认为美国医疗保健系统在世界各国排第 37 名，并表示："难以忽视的是……美国的人均医保支出排名第一，但婴儿死亡率却排在第 39 名，成年女性死亡率是第 43 名，成年男性死亡率第 42 名，预期寿命为第 36 名。"[2] 医生兼医疗保健分析师斯科特 · W. 阿特拉斯（Scott W. Atlas）对上述指称做了仔细审查，研究了相关背景，证明它们存在极大误导性。

我们大多数人都认为，世界卫生组织的排名测量的是整体健康水平。但实际健康结果仅占排名量表的 25%。半数的得分是在奖励平均主义：25% 测量的是"健康分布"；另外 25% 测量"经济公平"，这里的"公平"指的是，所有人支付的医保费用应在其收入中占相同的百分比。也就是说，该评分系统认为，你越富裕，支付的医保费用就应越高，只有这样的系统才被视为公平。一句话，这一标准体现了意识形态。附加的排名数字（第 37 名）使它显得客观可靠。[3] 但事实上，整体绩效排名具有欺骗性。

那么，死亡率和预期寿命的数字又是怎么回事呢？其实，这些因素在很大程度上受医疗体系以外因素的影响，跟文化和生活方式相关。肥胖往往会助长慢性和衰弱性疾病，如II型糖尿病和心脏病——平均而言，美国人比其他国家的公民更肥胖（不过，还有一些国家正在迅速跟进）。吸烟也会极大助长心脏病、癌症和其他疾病，哪怕人在戒烟几十年之后都深受其害。而直到20世纪80年代，按照国际标准，好几代美国人都是重度烟民。美国人的枪伤死亡率高得不成比例，这是另一个令人遗憾但几乎与医疗制度毫无关系的因素。[4]此外，美国是一个充满种族多样性的国家，一些种族（如非裔美国人）的婴儿死亡率极高，反映了社会、文化和（可能的）遗传因素。[5]一句话，美国人健康的许多问题跟医疗制度没有关系，而是受到医疗系统以外的社会和文化因素影响。阿特拉斯指出，就诊断和治疗疾病而言，美国医学界属全世界最优秀之列。[6]

这里，跟在教育和公共安全等其他领域一样，许多衡量相对成功或失败的最为重要的因素，并不属于我们试图测量并问责的正式制度。进行足够的锻炼，吃得合适，让不负责任的人无法接触枪械，对吸烟、过度饮酒、嗑药和危险的性行为等加以克制——这些是有助于健康和长寿的主要因素。医生和公共卫生官员应努力影响它们——他们也确实这么做了。但这些生活方式的模式，基本上并不在他们能够控制的范围。对美国医疗的所谓失败加以评估时，我们务必牢牢记得这一点。不过，就算我们对世界卫生组织报告危言耸听的指标打个折扣，有一点仍然是真的：美国的医疗保健很昂贵，存在极大改进空间。

把指标视为解决方案

美国卫生政策中最受欢迎的趋势或许是促进绩效指标、问责制和透明度。测量绩效应该能让从业者更好地评估临床实践，跟踪其实施；让保险机构奖励成功，惩罚失败；通过评级和报告卡带来透明度，让患者能更明智地选择医疗服务提供方。

哈佛商学院的迈克尔·波特（Michael E. Porter）是这一趋势的推动者之一，他的“价值议程”就包括把管理指标引用到医学上。波特称，

> 任何领域的快速改进都需要测量结果——这是一条常见的管理学原理。团队跟踪一段时间内的进展，将其绩效与组织内外的同行相比较，就能达成进步，实现超越。实际上，严格测量价值（成果和成本），有可能是医疗保健得到改善的最重要措施。每当我们看到医疗保健领域对结果进行系统性测量（无论在哪个国家），都能看到结果有所改善。[7]

波特非常相信对结果的公开报告，认为它为提高绩效带去了强大的动机。这有道理——不过，只是在理论上有道理。

三个成功案例

波特认为克利夫兰诊所（Cleveland Clinic，一家世界知名的医疗机构）率先采用了他所推荐的方法。该诊所每年出版 14 本“成

果手册”，记录其治疗各种疾病的绩效。看一看这些文档（可在线获取）就知道，该机构在各疾病类别都有着很高的成功率。克利夫兰诊所吸引了来自世界各地的患者。

医疗指标的潜在优点的一个令人信服的例子，也为迈克尔·波特所盛赞，来自盖辛格医疗健康集团（Geisinger Health System）。这是一家由医师主持的非营利性综合集团，为宾夕法尼亚州的 260 万人提供服务，患者中有不少人来自农村地区，而且很穷。有充分的理由说，盖辛格是美国医疗保健进步的典范。[8] 盖辛格率先使用电子医疗记录，从 1995 年就开始向电子健康记录系统投资 1 亿美元以上，并为医生提供奖励，让患者到在线门户网站注册。该系统可让系统内的医生实现便捷的信息传输，监控各单位（包括单个医生）的绩效。针对高风险患者，该系统聘用病例管理护士，教育患者了解自身病情，对患者加以监控，审查其护理计划和药物，并进行后续就诊预约。美国医疗保健中花费最高又最普遍的两种疾病是糖尿病和心脏病。在盖辛格系统中，患有此类病症的患者由医生、助理医师、药剂师、营养师等组成的综合性团队进行治疗。盖辛格采用了一种更全面的方法，而不是将治疗分配给一连串分散的、没有太多联系的医生。医生的薪水中有差不多 20% 跟削减成本、提高护理质量、患者满意度等目标挂钩，另外 80% 基于服务费。通过这一整套创新计划，盖辛格成功地降低了成本，改善了患者的治疗效果。

医学中对指标的一个更为明确的成功运用，是使用绩效指标来减少医院引发的“中央导管”感染。中央导管指的是一种柔性导管，它从颈部或胸部被插入大静脉，传送药物、营养素和液体。中央导管是现代医院医学中最常见的元素之一，也是导致并发症的最重要因素（这一点直到最近才被发现）。这是因为，导管提供了现成的感染途径，在最坏的情况下，感染可以致命，就算在最好的情况下，治疗感染也很昂贵。据估计，2001 年美国有大约 82 000 例血液感染与中央导管有关。每一感染病例的治疗费用，从 12 000 美元到 56 000 美元不等，其中有将近 32 000 人死亡。[9]

而此后感染率的大幅下降，在很大程度上要归功于巴尔的摩约翰霍普金斯大学医院的重症监护专家彼得·普洛诺沃斯特（Peter J. Pronovost）的努力。他和同事们一起制定了一套方案，以一个包括 5 道简单的标准处置流程的清单为基础，结合起来可减少由中央导管诱发的感染的概率。约翰霍普金斯大学应用他的方案后，普洛诺沃斯特到了密歇根州的一家医院系统监督其应用，这也就是所谓的“密歇根重症监护室基石项目”（Michigan Keystone ICU Project）。此后，美国、英格兰和西班牙都执行了类似的方案。结果非常引人注目：血流感染率下降了 66%，挽救了数千人的生命，节约了数千万美元。

基石项目的内容包括收集感染率的月度数据，并向重症监护室的负责人和医院最高官员报告。所得结果要在大范围的员工中展开讨论，着眼于从错误中吸取教训。这是诊断性指标的一个实例。它提供的数据可供从业人员（医生）使用，或在机构（医院）内部使用，在从业者和机构之间共享，以发现哪些做法有效、哪些无效，并使用该信息来提高绩效。

基石项目涉及诊断性指标的广泛应用，以及一些心理激励（表现为同行压力的形式）。普洛诺沃斯特本人通过该项目在临床领域得以推行，它朝着共同的专业目标努力，它将中央导管诱发的感染作为可解决的社会问题加以处理等事实，来说明整个项目的成功。跟其他医院的感染率相比较，也造就了想要赶上或超过同业机构的成功率的同行压力。

这些成功给我们带来了何种结论

人们常常把克利夫兰诊所、盖辛格和基石项目视为测量绩效有效性的证据，原因也很充分。然而，如果进行更深入的挖掘，我们会发现：这些指标重要，是因为它们被嵌入了一套更宏大的制度文化里。

克利夫兰诊所的成功，是否跟诊所公布其结果有关系呢？还是说，诊所热心公布其结果，恰恰是因为这些结果带给人深刻的印象？其实，早在绩效指标出现之前，克里夫兰诊所就是全世界最优秀的医疗机构之一，而且，进入绩效指标的时代之后，它也维持了自己的地位。但要得出结论说，诊所质量与公布绩效指标之间存在因果关系，就落入了“后此谬误”（post hoc ergo propter hoc）的陷阱。成功可能更多地与当地条件有关（即克利夫兰诊所的组织文化采用什么方式运用其指标），而跟质量测量本身的关系不是那么大。[10]

盖辛格的指标有效，也是因为它们被以特定的方式嵌入了更大的系统中。至关重要的是，测量标准的建立和绩效评估，由包括医生和行政管理人员的团队完成。故此，绩效指标并不是由缺乏一手知识的行政人员自上强加或评估的。它们以协作和同行审议为基础。盖辛格还利用其指标不断改善针对各种疾病的门诊护理绩效。以CEO身份主持盖辛格系统转型的医生格伦·斯蒂尔（Glenn D. Steele）这样述说了它的成功："我们的新护理途径是有效的，因为它们由医师主导，通过实时数据反馈实现，主要聚焦在患者护理质量的改进上"，"从根本上促使医生改变其行为"。同样关键的还有如下事实："由真正在业务一线工作的男男女女自己选择要改变哪些护理流程。让他们直接参与决策，确保了他们的支持，也提高了成功的可能性。"我们从盖辛格的例子中可了解到，重要的是让医护人员构建和监控绩效测量。测量符合他们的专业使命感，这一点至关重要。

带头减少中央导管感染的彼得·普洛诺沃斯特认为，"基石项目示范的是自愿努力的潜力，它建立在同行规范和专业精神的内在动力之上"。他并不反对通过公开报告和金钱奖励对这些诉求加以补充。但按照他自己的解释，医疗结果的改善主要是由于"临床医生的信念转变：以调动医生和护士专业精神的方式，向他们展示感染率并非必然，完全可以得到控制"。

然而，美国政府的医疗保险和医疗补助服务中心从中得出的结论是，自 2011 年起开始对感染率发布公开报告，一年之后，开始通过扣留报销的方式惩罚感染率较高的医院。我们之前考察的机构的成功案例，主要依靠的是内在动机而非外在动机，而官方的举动却创造了一种完全不同的激励结构。

更宏观的图景：指标、按绩效付酬、排名和报告卡

当我们更深入地研究医疗领域的绩效指标记录时，克利夫兰诊所、盖辛格和基石项目的成功，似乎变得更像是特例而非规律了。

大多数撰文支持医疗指标的专业人士，在测量绩效的有效性上，都属于既得利益方。他们的事业在很大程度上取决于收集和分析数据的效力。因此，许多研究证明，公开发布的问责制指标缺乏效力，或是效力极为有限，应解读为不利于既得利益的证明。我们会看到，医学期刊和学术文献里充斥着此类研究。诚然，大多数时候，它们要求的是获得更多的数据，进行更多的研究，设定更精确的指标，而不是贸然宣告指标无效。[11]但考虑到这些失败的研究来自那些对测量绩效绝无反感的人，这些研究反倒有了更加深远的含义。[12]

问责制和透明度的论点基于以下前提：公开发布成功和失败的指标，能影响患者、专业人士和组织的行为。患者将本着消费者的角色形式，比较护理成本与相对成功率。医生会向患者推荐具有高绩效分数的专家。保险公司将涌向以最低价格提供最佳护理的医院

和医疗服务提供商。医生和医院会感受到提高得分的压力，以免个人声誉和收入受损。[13]

为了验证该理论是否成立，来自荷兰拉德堡德大学的奈梅亨医学中心医疗质量科学研究所的一组专家审查了现有证据，看看涉及各类健康问题的可广泛获取的研究信息，对医师、患者/消费者行为及患者疗效有什么样的影响。它们包括事前事后对照研究，比较了公开引入大量疾病（如心脏病发作）的医疗指标前后的行为。荷兰专家发现，在某些情况下，医院的确在着手改进流程。但是，与问责制倡导者的预测不同的是，指标的公开，对患者疗效没有持久影响。

这也许是由医学研究与医学实践之间的关系导致的。医学研究所依据的人群，跟医生和医院接待的真实人群不同。医学干预举措（如控制血糖以尝试预防糖尿病）在较小的患者群体上进行检测，而且，为了分离干预举措的效果，这些研究会故意排除掉存在多种医学问题的患者。但在现实世界中，患者通常确实存在多种医学问题（并存疾病），故此，所测的医学干预举措的效果，常常会消失。这或许可以解释，为什么仅仅遵循推荐流程，并不一定能够改善结果。[14]

荷兰专家还认为，在选择医疗服务供应商或医院时，公布指标并不会影响影响患者的行为。他们的结论是："公开发布绩效数据能否改变消费者行为或护理，现有的少量证据并未提供一致的证明。"[15]

指标的另一个重要用途是绩效薪酬制。这里的激励结构很直接：医生达到某个测量目标（如遵循推荐流程［核对清单］，削减成本，或改善疗效）时，会获得相当大部分的报酬。

英国的国民保健制度（NHS）于20世纪90年代中期开始采用绩效薪酬制，这是基层保健医生薪酬方案的一个关键特征，并由托尼·布莱尔政府加以延续。在美国，私营医疗保险计划、雇主群体，以及州政府，也越来越多地采用绩效薪酬制。在2010年的《平价医疗法案》中，绩效薪酬是医生从医疗保险中所得报酬的一个重要组成部分。[16]医疗保险监管人员试图以术后30日内存活率为标准，对不同的测量结果，包括手术结果进行奖励。

医疗指标的另一个突出形式，是以“医疗报告卡”的形式对医生和医院进行公开排名。纽约州率先发布了此类数据；在英格兰，卫生署于2001年开始为公共医疗机构发布年度“星级评定”；英格兰最近成为第一个要求发布九种外科专业的外科医生“结果数据”的国家。2015年，美国新闻报道机构ProPublica公布了美国约17 000名外科医生的并发症发生率。[17]非营利性的“联合委员会”则公布了用于医疗认证的报告卡和排名，此外还有一些私人营利机构的排名，如网站Healthgrades或《美国新闻和世界报道》的排名。这些团体采取此一举措背后的设想是，医生和医院将产生做得更好的动力，以提高其在安全和效力方面的声誉，并最终提高他们在潜在患者人群中所占的市场份额。这些排名对医院的地位和

"品牌管理"也非常重要。[18]

如今，在美国、英国和其他地区，出现了大量的社会科学文献，考察绩效薪酬制和公共绩效指标带来的影响。令人惊讶的是，这些技术（从经济理论上看，应该是明显有效果的）对结果往往没有太明显的影响。[19]

例如，最近《内科学年鉴》上发表了一项研究，调查了自 2009 年开始公开报告医院死亡率以来，医保患者的命运如何。作者们说："我们发现公开报告死亡率对患者疗效没有影响。我们查看了各个亚组。我们甚至考察了那些被标记为表现不佳的人，看看他们是否会更快地改进。可他们没有。事实上，如果本着忠于数据的精神，你将得出结论，公开报告反而降低了患者疗效的改善率。"[20]如果你觉得这算不上什么大问题，那么，再想想下面一点：许多公开排名，如 ProPublica 的外科手术报告卡（专家们认为它所依据的标准可疑），非但没起到启示作用，反而造成了极大的误导。[21]

最近另一份来自兰德公司的报告得出了类似的结论。它指出，大多数关于绩效薪酬的研究，考察的都是过程和中间结果，而非最终结果，即患者是否康复。它指出："总体而言，采用更强方法论设计的研究，不大可能确认与绩效薪酬方案相关的重大改进。此外，确认的效果也较小。"[22]这一发现也并不新鲜。20 世纪 90 年代，研究公共部门绩效薪酬方案的社会科学家就得出结论，此类方案没有效果。然而，当人们心怀的希望战胜了既往的经验，又或者，受了那些兜售相同老秘方的顾问怂恿，当局就会不断引入这样的薪酬方案。[23]

即便用于公共排名或绩效薪酬的指标真的影响了结果，那经常也是非计划的和适得其反的。无论是生产性指标还是非生产性指标，通常都涉及巨大的成本，只可惜，绩效薪酬或指标透明度的倡导者很少会考虑这些成本。

绩效薪酬和公共排名存在导致目标转移的天然问题。英国的一份报告指出，绩效薪酬项目“只能奖励可被测量和归因的东西，这一限制减少了整体性的护理，让医生不恰当地只关注可被测量的东西，而非真正重要的东西”。英国的绩效薪酬项目，降低了项目外疾病的护理质量。简而言之，它让医生“为了测试而接受测试”。此外，对许多患者（如患有多种慢性疾病的体弱老人）的治疗而言，它不可能提供可靠的测量标准。[24]

如果说，医生的报告卡真的解决了什么问题，它带来的问题也是同样多。以规避风险的现象为例。大量研究表明，采用公布指标的做法后，心脏外科医生变得不太愿意对需要手术的重症患者进行手术。例如，在纽约州，外科医生的报告卡罗列了冠状动脉搭桥手术的术后死亡率，即手术后 30 天仍然存活的患者的百分比。指标公布后，死亡率确实下降了——这似乎是积极的变化。但指标里只收录了接受手术的患者。还有一些患者，因为风险更高，外科医生拒绝为之做手术（因为有可能拉低医生的分数），故此不包括在指标当中。这些病情严重的患者，有一些被转诊到克利夫兰诊所，于是，他们的手术结果并未出现在纽约州的指标里。这种“病例选择偏爱”（即对指标注水）带来的结果是，一些病情严重的病人无法接受手术。公布指标是不是给纽约州的术后结果带来了改善，也不是很清楚。事实证明，虽然邻近的马萨诸塞州并未公开报告数据，但那里的结果出现了同等的改善。[25]

规避风险的现象意味着，一些患者原本可以通过做高风险的手术得到挽救，现在却再没有了接受手术的机会。但还存在反向的另一种问题，即给予过分积极的护理，迎合测量目标。医院方面可以在规定的 30 天内，强行挽留手术不成功患者的生命，以改善医院的存活率数据，这种现象同样代价高昂，有违人道。[26]

毫无疑问，公布外科医生成功率和医院死亡率等指标，提供了一些真正的益处。公开它们，能够识别出绩效非常糟糕的医生或医院，如果是外科医生的话，甚至可以终止其执业；在医生这一职业里，从业者是不愿意送走不称职同事的，故此，公开指标成了无比宝贵的筛选流程。对医院而言，绩效较低者可以采取措施，改善其测量绩效。但跟许多绩效指标一样，这里出现的趋势是，大家都争着抢夺容易实现的目标，同时还期待持续的丰收。也就是说，发现绩效不佳的异常者，能带来即刻的好处。[27]问题在于，此后仍然继续从所有人身上采集指标。到了某个阶段，采集指标的边际成本就会超过边际收益。

美国医学研究所（Institute of Medicine）最近的一份报告指

出，对越来越多医疗指标的追求，在成本上越来越昂贵，并造成越来越繁重的负担。[28]在各大医疗中心，向政府监管机构和保险公司报告质量举措的成本，占其净收入的1%。测量和相关活动的行政费用，据估计达到每年1 900亿美元。此外还有一项无法测量的成本：医生或医院方面将数据输入政府的“患者质量报告系统”所带来的成本。较大的医疗机构必须自己掏钱请外部公司来输入数据；在较小的医疗机构，有时候只能靠医生来输入。收集、输入和处理这些繁重数据本身有实际的成本，除此之外，医生和其他临床从业者为输入数据所投入的时间，还有着不可估量的机会成本。投入到这方面的时间，基本上没得到计算过，也是无偿的。在讨论医疗费用时，通常没人会考虑这一点。[29]“讽刺的是，”美国医学研究所的报告称，“针对不同的目的，包括绩效评估和改进、公众报告和投资人报告、内部改进举措，人们希望进行新的测量。反过来说，测量能力飞速发展，相关的利益方、支持者也越来越多，这反而削弱了上述测量努力的有效性。”

唐纳德·M. 贝里克（Donald M. Berwick）在2010年至2011年担任美国医疗保险和医疗补助服务中心负责人，他是通过测量实现改进的主要倡导者。近些年来，报告要求变得太过繁重冗杂，连贝里克博士都忍不住说：“我们需要停止过度测量，如果可以将当前所用的各项指标减少50%，我会投票支持。”[30]

此外，把医学当成营利性企业，还会带来心理成本。贝里克在《绩效薪酬的毒害》（The Toxicity of Pay for Performance）一文中精彩地论述了这一点：

> “按绩效付酬”减少了内在动力。许多任务，尤其是在医疗保健领域，本质上是追求内心满足的。缓解痛苦、解答问题、锻炼动手能力、获得信任、与专业团队共事、解决谜题，以及扮演受信赖的权威的体验——这些，在人一天的工作活动中，构成了完全不赖的环节。护理工作的自豪和喜悦，是医疗保健专业人士发挥“绩效”的众多动机之一。今天，围绕薪酬、费用和报销出现了各种针锋相对的激烈争论，它们占用了医疗机构领导者和医生们的大量时间，然而，有一点很容易被忽视甚至引起怀疑：无关经济的内在奖励，在医疗保健工作中有着重要意义。很遗憾，忽视工作中的内在满足感，可能会导致对其加以无意的削弱。[31]

贝里克的文章写于 20 多年前。它似乎没引起任何警觉，绩效薪酬的浪潮还在继续高涨。

一个测试用例：减少二次入院率

出院后 30 天内的计划外二次住院率，是医疗保险中备受吹捧的一项测量指标，它揭示了指标带给人什么样的承诺，结果却出现了什么问题。住院费用十分昂贵，故此，人们有动机减少成本。此外，表面上看来，二次入院是患者接受的护理不当造成的结果，故此，降低二次入院人数是护理改善的一个标志。2009 年，美国医疗保险（Medicare）开始要求所有急症护理医院报告二次入院率，这是透明度指标的一种形式。30 天内的二次入院指标涵盖了因重大疾病（心脏病、心力衰竭、中风、肺炎、慢性阻塞性肺病、冠状动脉搭桥术），以及两种常见的外科手术，即髋关节或膝关节置换术而接受治疗的患者。（这些指标发布在美国医疗保险的网站“医院对比”［Hospital Compare］上。）到了 2012 年，美国医疗保险从公开报告进一步发展到按绩效支付，对二次入院率高于平均水平的医院加以经济处罚。[32]公开报告绩效、对成绩差者加以罚款，充当了医院采取措施限制二次入院率和削减成本（因为入院费用高，降低入院费用自然也就能降低医保成本）的刺激因素。医院开始采取额外措施，确保出院的病患不必返回。这包括跟基层医疗机构进行更好的协商，并努力保证患者能够获得处方药。对低绩效医院施加的罚款，旨在激励它们为患者提供更好的护理，好让患者不必重返医院。

医院的二次入院率的确下降了，这被吹嘘成了绩效指标获得的巨大成功。但这一成功多大程度上是站得住脚的呢？

所报告的二次入院率下降，部分原因来自对制度做了些手脚：医院不再正式接纳返院患者，而是把他们置于“观察状态”，患者只在医院待一段时间（最多几天），而且按门诊而非“住院”收费。另一种做法是，把返院患者送到急诊室治疗。2006 年至 2013 年期间，医疗保险患者的此类“观察”停留增加了 96%。这意味着，在降低的二次入院率当中，有一半的情况实际上是，患者回到了医院，但被视为门诊病人。（稍后有一个分析指出，二次入院率降低的医院，并不是处于观察状态的患者增加的医院，这令问题变得更加复杂了。）因此，二次入院率指标改善，并不一定等于患者护理质量改善。

并非所有医院都对制度做了手脚：有些医院真的依靠二次入院率的降低，审视并改进了自身流程，改善了患者的治疗结果，降低了医疗保险费用。但另一些医院改进的只是自己摆布患者分类标签的能力（这些分类标签是判断绩效的依据）。[33]

此外还存在其他负面后果。截至2015年，大约3/4的报告医院受到美国医疗保险的处罚。最为明显的是，大型教学医院（往往会收治更多的疑难病患）受到的影响大得不成比例。[34]贫困地区的医院也是如此，那里的患者刚出院之后，不大可能获得良好的护理（或者说，不大可能照顾好自己）。[35]要达到降低入院率的目标，不光取决于医院采取了什么样的举措教育患者、提供必要的药物，还取决于许多医院无力控制的因素：患者的身体和心理健康，社会赡养系统和行为。这些因素带出了医疗指标经常碰到的另一个问题：不同的医院为非常不同的患者群体提供服务，有一些群体更容易患病，一旦出院也难以照顾好自己。按绩效支付方案，通过所谓的"风险调整"对此加以弥补。但风险水平的计算，也跟其他指标一样，容易出现误判，容易遭到操纵。最终，向最棘手患者提供服务的医院，反而最容易受到惩罚。[36]跟前文提到的因为学生在标准化考试中成绩不佳，而受到惩罚的学校的例子一样，因为惩罚最不成功的医院，绩效指标有可能反而会加剧资源分配的不平等——这远远背离了设定指标、改善公共卫生的初衷。

盘点指标的优劣之处

大多数医疗机构如今都使用指标来改善质量，从改善特定流程的结果，到优化整个机构的运营情况。对绩效指标的这种内部使用，在帮助医院和其他医疗机构提高其医疗保健的安全有效性方面，具有重要价值。但这些指标的最成功案例，往往来自干预措施和治疗结果完全在组织的医疗系统内部，受到该系统控制的地方，前文所介绍的旨在减少中央导管诱发感染的流程清单就属此列。如果治疗结果受制于更宽泛的因素（如患者在医生诊室和医院之外的行为），效果的好坏就很难归结于医疗系统。盖辛格在管理当地人口健康方面取得的成功，带来了一些希望。但盖辛格的成功来自如下背景：诊断指标在更大的制度文化下发挥了作用，从业者按照与职业精神一致的方向，设计指标并对其加以评估。

借助指标奖励绩效（不管是通过货币还是声誉的形式）的做法，存在更大的问题。业内越来越多地采用跟货币激励和公共排名挂钩的指标。它们对医疗保健的成本和收益到底产生了什么样的作用，仍然是一个悬而未决的问题。

10

第10章 | 警务

近10年来，跟医学一样，警务也因为指标的使用发生了改变。这一领域关系的利害也很高：城市的命运在很大程度上取决于公众对公共安全的看法，而市长们的连任，也大多基于其控制犯罪、降低犯罪率的能力。公众及政治家考虑公共安全问题时，他们想到的是要对犯罪严重程度负责的警察。然而，公共安全仅部分地取决于警察的效力——就跟健康与医疗系统的关系、教育与学校系统的关系一样。公共安全部分取决于司法系统的其他要素：检察官、司法机关，以及刑事和假释制度。它在很大程度上取决于当地人口参与犯罪活动的倾向，而后者又取决于更广泛的经济、种族和文化因素。[1]公共安全还取决于犯罪的容易程度。近几十年来犯罪率的下降，部分是业主的私人行为的产物。数百万公民个人采取的防御举措，购买先进的汽车警报、家庭警报，提高了汽车盗窃、入室盗窃和其他犯罪的难度，从而大大减少了这些犯罪行为。此外，还有大约100万人，受雇于美国的私人保安公司。

自20世纪90年代初以来，美国的暴力犯罪一直在减少。不管是错是对，人们通常会把减少的大部分原因归结到警务工作出现的变化上。警务的重大变化包括指标（尤其是 Compstat［计算机统计信息比较］）应用的增加。这个例子很好地说明了在内部采用诊断指标确实有用。但还是跟之前的情况一样，公开发布的指标可用于支持政客和警察局长的声誉，也带来愚弄、捏造数字的动机，使得努力的结果适得其反。

Compstat（最初代表“computer statistics”，意思是计算机统计）是一种犯罪分析和问责系统，最早由纽约警察局于 1994 年设计开发。在警察局长威廉·布拉顿（William J. Bratton）的倡导下，Compstat 使用地理信息系统（GIS）来追踪犯罪率。它包括迅速收集、分析和绘制犯罪数据，发现犯罪模式，每周召开会议，让警察管理层对辖区内结果负责。这些数据被用于查明犯罪集中的热点，并相应地部署警方资源。在纽约引入它以后的几十年里，不同版本的 Compstat 已经在许多美国大城市里得到采用。[2] Compstat 似乎真的有助于报告犯罪（以及罪案本身）的减少。

然而，一座接一座城市对犯罪统计数据的准确性和可靠性产生了疑问。如果只把 Compstat 当作信息和指示性指标系统，它似乎真的很有用。但当市长向警方高层施加压力，要求后者展示出整体犯罪数字的改善，警方高层反过来又向管区指挥官施压，让后者相信自己的事业进展取决于犯罪的稳步减少，到了最后，低级警官甚至会听到这样的消息：要是报告犯罪增加的话，自己会受到处罚。捏造数字的压力就是这么产生的。

在Compstat兴起之前，这些问题就独立存在。1976年，社会心理学家唐纳德·坎贝尔（见第1章的坎贝尔定律）指出，理查德·尼克松总统宣布打击犯罪，“最主要的影响是在犯罪率指标上的腐败，（警方）通过少报和把犯罪行为放到不那么严重的分类下面等方式来实现降低犯罪率”。[3]这种情况延续至今。得到最广泛报道的犯罪指标是联邦调查局的《统一犯罪报告》（Uniform Crime Report）。根据每座城市的报告，联邦调查局编制了4种主要暴力犯罪（凶杀、强奸、严重袭击和抢劫）和4种主要财产犯罪（入室盗窃、偷窃、机动车盗窃和纵火）的数据。没这么严重的犯罪不被收入该指数。该指数得到了广泛宣传，并被视为犯罪报告卡。每当犯罪率下降，当选官员就将之吹嘘为自己的成功。如果犯罪指数上升，他们会受到竞争对手的批评。反过来说，官员们对手下的警察局长施加压力，要求降低犯罪率，而警察局长反过来又对中下级警官施加压力。

所有这些都造成了巨大的诱惑，使得警方想要通过对数字动手脚来减少犯罪，展示进展。芝加哥一位侦探解释道：

> “这很容易。”首先，接案警官可以故意将案件分错类，或改变报案人的说辞，把它记录成一种较轻的指控。侵入家宅变成“擅自进入”，闯入车库变成“对财产的刑事损害”，盗窃变成“遗失财物”。[4]

在上述例子中，所有的重罪都变成了轻罪，不反映在联邦调查局的《统一犯罪报告》里。对犯罪行为避重就轻的诱惑太大了，这使得纽约警察局要投入可观的资源，审计所收到的报告，惩罚那些被查出是误报的警官。[5]但不是每一支警察队伍都有这样的资源（或意愿）进行制衡纠偏。

这个问题也不局限于美国。在英国伦敦，“市长治安和犯罪办公室”设定了将犯罪率降低20%的绩效目标。这一目标逐层下达，从警察局长传到执勤警员，并规定警员的晋升机会跟该目标的达成挂钩。2013年，伦敦警察局的一名知情人士告诉议会委员会，给统计数据注水已成为“警务文化里根深蒂固的一部分”：为了达到绩效目标，抢劫等重罪被降级成“盗窃抢夺”，强奸案常常被瞒而不报。一位退休总警司说：“市长治安和犯罪办公室的官员设定目标的时候，真正的要求是减少20%的受害者。而警方高层……将之翻译成了‘将报案率减少20%’。”这种对罪案的瞒报和降级，“成了英格兰和威尔士境内各级警察的常识”。他补充道。另一些专家解释了改善绩效指标的各种技巧：选择不相信指控，把同一地区的多起严重事件记录为一桩犯罪，将严重事件降级为不太严重的罪行。[6]

另一种诱惑兴许更令人不安。它涉及警察成功的另一个关键指标：用逮捕统计来测量有效性。埃德·伯恩斯，巴尔的摩凶杀和毒品部门的前警探（他更著名的身份是HBO电视台电视连续剧《火线》的联合创作者），描述了“统计数据作假”的过程：警官可以将部门活动朝向看似惊人的结果。伯恩斯曾是禁毒处的一名警探，想要一丝不苟地督办一桩涉及某大毒枭的案件。但上级对这件事并不感兴趣，因为它将占用大量的人力，并会花上几年时间才能逮捕毒枭。他们更乐于提高指标，因为每天逮捕 5 个在街头巷尾贩毒的年轻人，比花上很多年调查之后逮捕 1 个毒枭能带来更好看的统计数字，所以，上级支持能带来更高数字的做法。从上级的角度（以及他们向之汇报工作的官员的角度）看，每一次逮捕都有着相同的价值。能产生最佳绩效指标的行动方案，几乎丝毫不会减少毒品的销量。[7]如果每桩案件有着相同的权重，那么，督办最容易的案件就是诱惑所在。[8]在英国，为提高破案率而把警务资源引导到更容易解决的犯罪的做法，叫作“偏移”。

故此，在警务工作中，指标发挥着有益的作用。但试图将指标作为奖惩的基础，有可能会使得指标不再可靠，甚至适得其反。

11

第 11 章 | 军队

美国军队有可能是全世界规模最大、最复杂的组织。至少，早在越战时期，它就试图在其“反叛乱”（COIN）作战中使用指标，更近些时候是在伊拉克和阿富汗。COIN 虽说只是美国军方使用的一小部分指标，却是一个特别具有启发性的案例，并对我们的主题来说有更大的波及范围。军队广泛使用指标，不光是为了问责制和透明度，它的活动还会受美国军事院校和兰德咨询公司（为国防部进行研究）的学术研究人员的审查。一些研究人员既是军人也是学者，另一些则有着更常规的学术背景。他们工作的特点是跟实际经验有着密切联系（直接参与镇压叛乱，或是接触刚就任的军官）。这些学者撰写研究文章，主要是供决策者和将来到任的军官参考，涉及的利害极高。故此，一些人极为诚实，对指标的运用和滥用非常敏感。[1]

一如美国在越南的经历所表明的，指标可能会产生误导，追求指标会带来看不见的负面影响。首要的一点是，信息的收集可能代价高昂：美国士兵会在寻找尸体以点算人头时丧生（当时的美国国防部长麦克纳马拉非常重视这一指标，详见第3章）。这些统计数据常常遭到夸大，以增加指挥官的晋升机会。而这些看似客观、实则错误的信息流，使得决策者和政治家们错误地把测量绩效的改进当成了真正的进展。[2]

大卫·齐库伦（David Kilcullen）是一名军人兼学者，移居美国之前曾在澳大利亚军队任职。他曾以反叛乱战略家的身份，在美国陆军和国务院的多个关键岗位就职，还被派驻过阿富汗和伊拉克。他在《反叛乱》（*Counterinsurgency*）一书中收录了一篇具有启发意义的文章，名叫《衡量阿富汗的进展》。他指出，“反叛乱是政府为挫败叛乱所做的任何工作”。[3]反叛乱军事人员要面对复杂而动荡的环境：“为应对镇压举措，叛乱和恐怖分子会迅速演变，这次能奏效的做法下一次不见得能奏效，在这一个地区或这一时期行得通的见解，换个地方说不定就没用了。”故此，齐库伦强调，指标必须适应个案的特殊性：从过去在其他地区发生的战争中归纳的标准化指标根本没用。不仅如此，使用最合适的绩效指标，还需要根据经验进行判断：

> 对指标进行阐释至关重要，这要求有消息灵通的专家做出判断。光是数出事件数量、进行定量或统计性分析远远不够——所谓的阐释，是基于对环境的熟悉而开展的定性活动，需要由在该环境下工作了足够长时间、可以对比此前的状况以检测趋势的经验丰富的人员执行。对那些只在该国做短期驻守

的人来说，这些趋势可能并不明显。[4]

齐库伦解释了为什么许多标准指标可能具有欺骗性，并应该避免它们，包括敌方遗体数量和“重要行动”（指镇压反叛武装的暴力事件）数量。通常的假设是，这种暴力冲突的数量越少越好。但齐库伦解释说，不一定是这样，因为“在争议地区，暴力程度往往高，而在政府控制的地区较低。但受敌方控制的地区暴力程度同样低，故此，暴力程度低，仅表明有人完全控制了某个地区，但并未告诉我们是哪一方”。他还反对使用所有“输入指标”，即，衡量军方及其盟友正在做什么的指标，因为这些指标有可能跟行动的结果完全不同：

> 输入指标是基于我们自己努力程度的指标，它不同于我们努力的效果。例如，输入指标包括杀死的敌人数量，训练的友军数量，建造的学校或诊所数量，完成道路的里程数，等等。这些指标说明了我们在做什么，但并未说明我们达成的效果。为理解效果，我们需要查看输出指标（例如，训练后 3 个月内有多少友军仍在服役，或者，一年后有多少学校和诊所仍然矗立并在使用），能查看结果指标就更好。结果指标跟踪的是我方行动给民众的安全、安保和福祉带来的实际和感知作用。[5]

拿出有用的指标，通常需要专注于当地状况。以外来（即非本地种植）蔬菜的市场价格为例，外行人大概不会认为这是个能说明当地民众对和平与幸福的感知水平的有用指标。然而，齐库伦解释了为什么它们能派上用场：

> 阿富汗是一个农业经济体，全国各地的作物多样性非常显著。考虑到阿富汗农业生产的自由市场经济，风险和成本因素（种植作物的机会成本，在不安全的道路上的运输风险，在市场上出售它的风险，以及把钱带回家的风险）往往会被自动计入蔬菜和水果的价格里。因此，总体市场价格的波动或许可以作为普通大众的信心和感知安全度的替代指标。尤其是，外来蔬菜（也就是在某个特定地区以外种植的作物）必须承受更大的风险运输更长的距离，才能在该地区销售，故此，它可以充当一个有用的风险标志。[6]

因此，设计能有效衡量成败的指标，需要大量的本地知识，这些知识在其他环境下说不定没有用，这叫那些向往通用模板和公式的人感到懊恼。最困难的部分在于知道要去统计什么，以及你所统计的数字在相关背景下实际意味着什么。

兰德公司的分析师本·科纳博（Ben Connable）在其最新研究《投入战争的迷雾：反叛乱中的评估和指标》（*Embracing the Fog of War: Assessment and Metrics in Counterinsurgency*）中，针对反叛乱评估，总结了一些更宽泛的教训。他写道：“为反叛乱活动评估而设计出一套实用的、集中的模型很难（如果并非不可能），因为如果使用集中的流程，就要消除来自显著的本地环境下的数据，而经过这样处理的集中流程，显然无法清晰阐释复杂的反叛乱环境。”故此，“来自不同地方和时间的信息，有可能有着截然不同的含义”。由于“分散而复杂的反叛乱活动和集中而脱离背景的评估之间的不一致”，问题就产生了。[7]

这些考量远远不限于军事领域：任何独一无二或本质相异的环境或组织，只要我们试图为它们建立绩效指标，标准化的测量都是不准确的，具有欺骗性的。然而，本着“问责”精神而创建“透明”绩效指标的愿望，往往转化成采用标准化的集中指标，因为远远脱离一线操作领域的上级和公众更容易理解这类指标。此外，兰德公司最近的另一项研究指出，通过定量测量来传达的观察，往往被视为“实证性的”；而以定性形式传达的观察，往往又被认为不够可靠——哪怕“在实践中，评估中的许多定量指标本身是具有轶闻性质的，反映了报告者的观察偏倚（observational bias）”。[8]

科纳博将反叛乱描述为“既是艺术也是科学，但主要是艺术”。[9]这适用于对其他许多复杂情况的管理。如今的发展趋势是把一件主要是艺术、需要基于经验判断的事情，当成纯粹的、可测量的科学来处理。

12

第 12 章 | 商业和金融

绩效薪酬制何时有效，何时无效

你或许会想："不过，有个地方一定是适合采用绩效薪酬的，而这个地方就是商业领域。"毕竟，企业的存在就是为了赚钱，人们在企业里工作也是为了挣钱。故此，企业管理者试图把员工的报酬，跟他为企业赚取利润的可测量贡献尽量紧密地联系起来，从而激发员工付出最大努力。

按测量绩效付酬，在这样的情况下的确能达到效果：当有待完成的工作是重复性的、没有创造性的，并事关标准化商品或服务的生产和销售；当员工对所做的事情没有太大选择余地；当没有多大的内在满足感；当绩效几乎完全基于个人而非团队的努力；当协助、鼓励和指导他人并非工作的重要组成部分。对于销售人员，[1]或对于常规化、个体化、高度集中的工作（并且只涉及标准化产出，无关更广泛的职责），奖励测量绩效也有可能带来很好的回报。简而言之，正如一位社会学家所说："只有对于相对难以获得内在奖励的工人来说，外在奖励才成为工作满意度的一个重要决定因素。”[2]它们是适用于泰勒主义（见第 3 章）的那类工作。任何社会（包括技术先进的现代社会）中都有许多这样的工作。但在我们这个时代，随着机器人技术和人工智能技术的进步，这些工作正变得越来越少。[3]

但事实很明显：大多数私营部门的工作并不符合上述标准。两者越是不吻合，直接按测量绩效支付工资就越不恰当，甚至会适得其反。

人们的确希望按照自己的绩效，获得认可和报酬这两方面的奖励。但是，晋升（和加薪）以一系列的素质为基础，而直接的薪酬则建立在测量产出量上，两者存在区别。对大多数工人来说，为公司所做的贡献包括许多无形但又真切的活动：提出新的想法和更好的做事方式，与同事交流思想和资源，参与团队合作，指导下属，维持与供应商或客户的联系，等等。通过晋升和奖金来奖励这些活动是合适的，哪怕它们难以记录，需要由做出奖励决定的人进行更多的判断。针对绩效来分配数字，也并非问题所在。给员工打分没有错。但倘若量表的维度过分单一，只测量一些最容易测量的产出（因为它们可以被标准化），问题就出现了。

实际上，有关首席执行官和其他人员的绩效工资的学术证据令人深感不安，一些组织行为学者甚至建议取消这种做法。有些公司正采取相应的行动。伦敦商学院的丹·凯博（Dan Cable）和弗里克·弗梅伦（Freek Vermeulen）提及了我们已经探讨过的许多问题：绩效工资对创造力的抑制作用，对数据做手脚的倾向，测量工具不可避免的缺陷，定义长期绩效的难度，以及外在动机排挤内在动机的趋势。他们得出结论，取消高层管理人员的绩效薪酬，以更高的固定工资取而代之，这么做或许更为有利。他们甚至有些极端地建议，不要让主要受外部动机激励的人担任公司的领导：然而，薪酬越是跟测量绩效挂钩，越是随着后者波动而变化，在公司掌权的就越有可能是这种人。[4]英国最著名的投资者之一，伍德福德投资管理公司（该公司管理着 143 亿英镑的投资）的尼尔·伍德福德（Neil Woodford），已经取消了公司高管的奖金，改为更高的固定工资，并认为奖金和绩效并无太大相关性。[5]

强制排名是指标固恋的另一种表现形式，即要求管理者评估自己的员工相较于其他员工表现如何。它看似“确凿”“客观”，但往往达不到预期目的。2006 年的一项研究对来自大公司的 200 多名人力资源专业人士做了调查，发现“尽管半数以上的公司使用强制排名，但受访者报告说，这种方法导致生产率下降，不公平，怀疑态度，员工敬业度降低，协作减少，士气受损，以及对领导层的猜忌”。[6]

越来越多的科技公司意识到绩效排名对大多数员工的消极影响，正逐渐远离绩效奖金。它们改用更高的基本工资加股票（或股票期权），让员工对公司的长期繁荣产生切实的兴趣（并为绩效特别高的人提供特殊奖励）。[7]

但还有一些公司虽然放弃了年度评定，却对连续性绩效数据加以“众包”（crowdsourced），即让监管者、同事和内部客户对员工的绩效提供持续的在线反馈。这有可能是把明火换成了煎锅，因为员工会持续不断地谋求赞美，同时憎恶无处不在的对他们个人活动的监视[8]——2014 年，戴夫·埃格斯（Dave Eggers）就在小说《圆圈》（*The Circle*）中描述了这样的反乌托邦式的未来。不过，随着信息技术的改进，监控这样那样的员工绩效指标变得越来越容易，把薪酬和绩效挂钩（可表现为计件工资、奖金或佣金等多种形式）的诱惑也越变越强[9]——哪怕证据表明，这种测量有范围太过狭隘、妨碍团队合作和创新的风险。

许多绩效薪酬计划是为测量单一结果而专门设计的，它们造成了大量的企业功能障碍。公司的高层和基层都会出现问题。

让我们以制药厂商迈兰（Mylan）为例，看看高层管理人员中的一个戏剧性案例。迈兰虽然不属于美国最大的制药公司之列（按营收算，它排第 11 位；按市值算，排名第 16 位），但它的高管薪酬水平排名第二：在 2015 年 12 月之前的 5 年里，它最高级别的 3 名经理人，每人的薪酬都超过了 7 000 万美元。在此期间，公司股价上涨了 155%。2014 年，公司董事会为高级管理人员设定了一个薪酬计划，根据该计划，如果公司的利润每年增长 16%，他们将获得丰厚的回报——该计划远远超过了对该公司的合理期待，因为迈兰是一家主要生产仿制药的企业，一般认为，仿制药是个“成熟市场”，竞争激烈，利润较低。

迈兰最大的创收产品是 EpiPen，这是一种笔状装置，可以轻松地将肾上腺素注入皮肤，中和严重的过敏性休克。因为每次注射只能持续短暂时间，又因为有着过敏性休克风险的儿童在家和在学校都需要有这种笔，许多患儿家庭需要同时备有若干支注射笔。由于药物会在 12 至 18 个月后失去效力，注射笔需要频繁更换。迈兰不是 EpiPen 注射笔的发明者：它由另一家公司开发，于 1987 年推向市场。2007 年，迈兰购买了相应专利；但由于市场上没有有力的竞争对手，它几乎垄断了肾上腺素注射器市场。

2011 年，迈兰将高管希瑟·布雷施（Heather Bresch）提升为首席执行官，自 2012 年 1 月起履职。从 2009 年到 2013 年，该公司将双支装注射笔的定价从 100 美元提高到 263 美元；2014 年 5 月（也就是针对高管的新奖励制度开始实施的时候），又将价格翻了一番，达到 461 美元；2015 年 5 月再次提价至 608 美元。[10]

到 2016 年夏天，迈兰持续提高这种必备医疗器材（不光有许多成年人使用，还有数以千计的学龄儿童在使用，当然，这也多亏了迈兰搞的营销活动）价格的做法，导致公众强烈抗议，国会召开了听证会。一些参议员要求司法部调查该公司的计费方式。

迈兰努力激励高管增加利润，它的投资者们又从中获利几何呢？布雷施刚担任首席执行官时，公司股价为 22 美元，到 2015 年 6 月，股价达到 73 美元的高位。但公众对该公司的抗议，以及由此带来的国会听证会和司法部调查，又让股价在 2016 年 10 月降至 36 美元。高管专注于达成超额利润指标，让公司声誉陷入崩溃。

迈兰为高管制定的绩效薪酬方案把该制药公司带到低谷的同时，另一家大公司也因为自己的绩效薪酬方案栽了跟头。这家公司瞄准的不是组织阶梯的最高层，而是最底层；它的激励举措不是货币奖励的胡萝卜，而是强行解聘那些没能达到绩效目标的员工。

以下是事情的始末。美国的一家大银行富国银行，正在艰难的经济环境中经营。联邦储备委员会将利率调低到了几乎为零，让银行更难以从发放的贷款中获取利润。为了增加利润，银行于2011年鼓励"交叉销售"：它为员工订立配额，要求员工让对公司旗下一种产品（如存款账户）感兴趣的顾客签下额外的服务（如可透支服务或信用卡），这些服务对银行来说更有利可图。未达配额，意味着无薪加班，甚至解聘威胁。（或许，银行的灵感来自电影《大亨游戏》里亚历克斯·鲍德温扮演的角色，这位老板这样对销售人员讲述这场销售锦标赛的规则："一等奖是凯迪拉克跑车。二等奖是一套牛排餐刀。三等奖是你被解雇了。懂我的意思了吗?"）但鉴于每天进入银行的客户数量有限，配额设置得过高了。为了完成门槛配额，数千名富国银行的工作人员诉诸了低级欺诈手段，在不曾通知客户的条件下，自行创建PIN码，给客户注册在线账户或借记卡。这并非富国银行管理层的用意：他们希望员工让客户开设合法账户。发现渎职行为的证据后，富国银行解雇了大约5 300名有不法行为的员工。但是，公司管理层为员工设定这种绩效配额，原本就有可能使得员工通过一连串欺诈加以回应。

2016 年 9 月，富国银行发生大规模欺诈事件的消息传出后，联邦消费者金融保护局对其罚款 1 亿美元，洛杉矶市检察官罚款 5 000 万美元，货币监理署罚款 3 500 万美元。富国银行不仅在金钱上大伤元气，商誉也备受损害。公司股票的价值从 8 月底的约 50 美元，下跌至 9 月底的 43 美元。按测量绩效进行奖惩的做法，又一次弄巧成拙。[11]

迈兰和富国银行的例子，就是一种常见的旧模式的新例证：按测量绩效支付薪酬的政策，使得员工做出了长期而言有损公司声誉的行为。[12]

这是一个人性问题，还是对绩效薪酬信条的宣传所带来的问题？换句话说：狭隘自利的代理人概念，到底是不争的事实，还是说，它被一种管理界的意识形态（这种意识形态使用外部奖励，后者基于而后成为自我应验的预言的人类行为简单模型）所加剧了？有时，公司对待管理者和员工的方式，真的会影响人们的思考方式，故此，人们逐渐按照与简化版“委托—代理理论”相吻合的狭隘自利态度行事，甚至使用欺骗和诡计手段。[13]实际上，这种做法甚至可能创造出一种情况，即对绩效指标运作最为了解的管理者和员工，正处在操纵指标为自己谋利的最佳位置，他们也最有可能这样做。[14]例如，泰科（Tyco）首席执行官丹尼斯·科兹洛夫斯基（Dennis Kozlowski），世通公司（WorldCom）首席执行官伯纳德·埃贝斯（Bernard Ebbers），Adelphia 的首席执行官约翰·里格斯（John Rigas）：在21世纪的最初几年，他们全都利用自己对公司业务的详尽知识，操纵绩效指标以提高个人薪酬，最终锒铛入狱。[15]

针对这些丑闻，2002年，美国通过了《萨班斯—奥克斯利法案》（Sarbanes-Oxley Act），加强公司问责制，要求上市企业的董事会成员对财务报表的准确性承担法律责任。虽然遵守该法案给公司增加了大量成本，但它能加强公众对企业财务报告有效性的信心，证明透明度的优势所在。但增加每名董事的法律责任，也带来了一种经济学家无法衡量的成本。一名在《财富》500强企业担任董事会顾问的人（出于显而易见的原因，我不能提及他的姓名）告诉我，自《萨班斯—奥克斯利法案》通过以来，董事们把所有的精力都放在确保公司财务报告的准确性上，几乎没有时间和意愿从事董事会的主要任务（即从战略角度思考公司的长远未来）了！故此，所测即所得，只有接受了测量（并有可能为此遭到惩罚）的东西才能完成。

金融危机

2008年的金融危机有许多成因，其中一部分是试图用标准化指标取代基于本地知识的判断所致，而且，这种做法的问题还因绩效薪酬方案的后果而加剧。[16]

随着各类企业（包括金融公司在内）的规模越来越大，控股机构越来越多样化，需要有新的管理层级来监督和协调不同的单位。

从高层管理人员的角度来看，运营的多样性意味着高管们正在管理自己不太熟悉的资产。这就使得人们想在不同的大型组织中寻找标准化的绩效指标。它隐含的前提是：可以用数字测量的信息，是唯一必不可少的知识；数值型数据能替代其他的调查形式；对数字的敏感度（以概率公式，而不是实证研究为前提）可以替代对相关资产的实际知识。

金融危机的一大推动因素是，财务管理人员在企业中扮演起了越来越重要的角色，他们精于分析和操纵指标数据，却没有关于所制造或交易的商品的“具体”知识或经验。正如尼尔·弗格森（Niall Ferguson）所说：“凡众神欲毁之者，必先授其以数学。”

以下就是 2008 年金融危机发生前出现的典型情况。传统上，银行（或个人投资者）要直接接触那些申请抵押贷款的人。因此，他们可以判断谁是有信誉的，谁不是。而且，银行方面有动力施展这种判断：银行（或投资者）将长期持有抵押贷款，故此其未来收入的来源依赖于抵押贷款人的可靠性。

2000 年前后，事情开始发生变化，到 2008 年，整套制度基本上已经被一套新制度所取代。随着银行资本监管的变化，持有数千份抵押贷款的证券，比发放并持有传统抵押贷款更赚钱了。[17]此时，抵押贷款不再经银行发放，而是由从事抵押贷款的经纪公司发放，后者靠经手抵押贷款的数量来赚钱，它们的经济利益无关抵押贷款的长期可行性。抵押贷款发放机构，比如美国国家金融服务公司（Countrywide），为购买房屋的人提供贷款，并将每 1 000 份此类贷款打包成一捆，卖给雷曼兄弟等银行。由于贷款机构在发放抵押贷款的可行性方面不存在长期经济利益，它们越来越多地发放“免入息证明”或“无入息证明”贷款，也就是说，不要求借款人提供自己能够偿还贷款的证明。但银行也并不持有此类贷款。它创造了一种“抵押担保证券”，也就是一种以抵押贷款做担保的有息债券，并将其出售给投资者。根据评级机构（如穆迪）的建议，金融工程师将优质抵押贷款（由应该还得起贷款的借款人承担）跟可疑的抵押贷款混合在一起，以便从这些抵押担保证券中榨取最大利润。[18]金融工程师还把这些打包的抵押担保证券分成不同的级别，风险不同，利息也不同。这一切的背后，是金融行业固守的信念：多样化可以代替对每一资产的尽职调查。整个设想是，如果某人把足够多的资产捆绑在一起，就不必对资产有太多了解，也不必对其可行性做出判断。

为了应对抵押担保证券的价值突然变化的风险，金融界创造出了数学原理极为复杂的全新金融工具（如“信用违约掉期”[credit default swap]等），认为运用复杂的数学可降低风险。但这使得除了极少数分析师之外，没有人能清楚地理解到底发生了些什么。此外，深奥的金融工具还令公司高层和外部监管机构几乎不可能实现有效的监管。

除了用可疑的指标来代替判断力，雷曼兄弟（Lehman Brothers）等银行的高级雇员领取的是奖金形式的绩效薪酬，这让局面雪上加霜。金融界在指标（提供了途径）和绩效薪酬制（提供了动机）的双重诱使之下，在不透明的条件下承担了过大的风险。[19]随着时间的推移，抵押借款人无法偿还贷款，抵押担保证券的价值下降，通过“信用违约掉期”来为证券做担保的金融公司遭受了意料之外的巨大损失。结果，金融系统几近崩溃。

短期主义

短期主义是可疑绩效指标扭曲经济的另一种方式。

经济，尤其是美国经济的金融化，是近几十年来商业世界最重要的变化。[20]迟至 20 世纪 80 年代，金融虽然必不可少，但仅仅是美国经济中一个地位受限制的因素。股票交易（股票市场）由大大小小的个人投资者组成，他们将自有资金投入到自己眼里具有良好长期前景的公司股票上。投资资金来自华尔街的主要投资银行（及其外国同行），它们是私人合伙企业，主要靠合伙人的自有资金运作。随着规模更大的资本池（来自养老基金、大学捐赠和外国投资者）可用于投资，并由职业资金经理（而非资本所有者自己）配置，这一切开始发生变化。一套全新的金融体系建立起来，独立经济学家海曼·明斯基（Hyman Minsky）称之为“货币经理资本主义”（money manager capitalism），商学院教授阿尔弗雷德·拉帕波特（Alfred Rappaport）称之为“代理资本主义”（agency capitalism）。[21]

部分是受这些新机遇所推动，传统的华尔街投资银行转变成了公开上市的企业，也就是说，它们开始不光用自有资金投资，也开始用别人的钱来投资，同时还把合伙人和员工的奖金跟年利润挂钩。这一切创造出一套竞争十分激烈的金融体系，占主导地位的是操作大规模资本池的投资经理，他们的薪资建立在其比同行更为优异的资本运作能力之上。在这种环境下，激励机制的结构使得基金经理努力追求短期回报的最大化，反过来，基金经理又向手持本公司股票的企业高管施加压力，要求其按季度展示成果。[22]

时间视野越来越窄，带来了一种牺牲长远投资（研发，或是改善公司员工的技能）、提升即时利润的诱惑。重点放在季度收益（理论上可提供透明度）和“季度收益指引”（管理层对公司未来3个月盈利能力的预测）上，这加剧了短期主义，因为股价往往会随着这一指标涨跌。而且，下个季度末不能达到预期目标，也可能导致股价下跌，由此不可避免地产生了一种“调整”数据、让测量绩效与预期相符的诱惑。企业高管有了难以抵挡的刺激，把创造力投入到弄虚作假上：要么，对数据做手脚，展示生产力或利润；要么，减少对人力资本（即持续的员工教育）的投资，以提高季度收益（或类似的指标）。2016年初，对长期发展投资不足的倾向已经变得十分严重，全世界最大投资公司贝莱德（Blackrock）的首席执行官拉里·芬克（Larry Fink）写了一封公开信，发出警告说：“今天的季度收益狂热病文化，完全背离了我们需要的长远方法。”[23]

将资源从最佳的长远用途，转移到可测量的短期目标上，是最常见的操纵指标的形式。举例来说，管理层希望有人以数倍于收益的价格卖掉公司，便对必不可少的工人进行裁员，试图提升其利润。还有些首席执行官为了满足分析师对公司季度表现的预期，推迟必要的投资来拉平企业收益。基金经理赶在季度报告出台期间买进表现良好的股票，卖出表现不佳的股票，以求掩盖过去在高价时买入过高绩效股票，或是若能继续持有一些表现糟糕的股票便可翻盘的事实——在业内，这种做法叫作“粉饰门面”。[24]

组织学者纳尔逊·雷佩宁（Nelson Repenning）和丽贝卡·亨德森（Rebecca Henderson）最近指出，若是过分关注可测量的绩效指标，管理者会忽视没有明确绩效指标的任务。[25]因为无法计算声誉、员工满意度、动机、忠诚度、信任和合作等无形资产，迷恋绩效指标的人会放弃长远结果，在短期内榨取资产。出于上述所有原因，对可测量指标的依赖，导致了短期主义，这是当代美国企业久治不愈的一种弊病。

其他功能障碍

如果薪酬、奖金和晋升等奖励跟达成预算目标挂钩，还会触发另一种危险：扭曲组织的信息系统。管理者和员工学会了对用于计算自己薪水的数字说谎、注水、修饰或伪装。但由于高管会用这些数字来协调组织活动、判断未来资源分配，故此，一旦资源分配错误，组织的生产力和效率都将遭受损害。[26]

试图用精确的测量来代替明智的判断，还限制了创新，因为创新必然包括猜测和风险。商学院教授盖里·皮萨诺（Gary Pisano）和威利·史（Willy Shih）认为：

> 大多数公司都坚持使用高度分析性的方法来评估投资机会。尽管如此，用定量技术评估长期研发项目始终极度困难。一般而言，相关数据（哪怕只是合理的估计）根本无法获得。然而，很多时候，能不能获得资金，就靠这些工具来做最终仲裁。因此，更容易预测结果的短期项目，击败了为补充技术和运营能力所必需的长期投资。[27]

充当问责制的衡量手段的绩效指标，在事情进展不利的时候有助于责任的分担，但它丝毫无助于鼓励成功。[28]如果实现成功要靠发挥想象力、勇于创新和承担风险，它就更没用处了。实际上，差不多一个世纪以前，经济学家弗兰克·奈特（Frank Knight）就指出，企业家精神包括很难进行度量计算的“不可测的不确定性”。[29]

因此，就算是在商业和金融领域，指标固恋也是有害的。企业必须通过多个绩效指标来接受评判。利润肯定很重要。但是，从长远来看，声誉、市场份额、客户满意度和员工士气同样重要，有了它们，企业才能适应市场、为必然会出现的新问题寻找解决方案。当今的经济世界充满了不可预测的变化，这就需要大大小小的持续创新，它们很难被简化为单一的绩效目标。管理的关键职能，是抢先一步思考、判断和决定。绩效指标当然能为这些关键职能提供帮助，但不能取而代之。[30]

13

第 13 章 | 慈善事业和对外援助

如我们所见，在政府环境和营利性企业里，绩效指标很容易失灵。对非营利组织来说，情况同样如此。与之前的案例研究一样，我们的目的不是要从整体上考察一个领域，而是给出一些示例性的个案。

跟企业和政府机构一样，慈善机构也面临着压力，要在工作中保持透明，对捐赠者负责；很多时候，人们都认为，最稳妥的方法就是使用绩效指标。捐助者显然希望自己的捐款能够高效地用于相关非营利组织的预定目标。但要怎样评估呢？他们怎样确保资金落在了实处，而不是用到了仅仅符合慈善机构工作人员利益的地方？

近几十年来，在指标固恋的魔咒下，出资人（基金会、政府和个人）认为，解决办法是测量并公开每家慈善机构的预算，看看其中有多少属于行政和筹款成本（“日常开支”或“间接费用”），有多少真正用到了目标活动或项目上。我们再一次看到先前其他背景下使用指标时所遇到的模式。得到测量的东西，是最容易测量的东西，由于慈善组织的结果比其投入更难测量，故此，获得关注的是它的投入。在极端的情况下，间接费用与项目成本之比，可以充当反映欺诈或财务管理不善的有益指标。但更多时候，在异常情况下有用的指标被扩展到了所有情况。

对大多数慈善机构而言，将低开支与高生产率等同起来的做法，不仅具有欺骗性，而且完全适得其反。为了取得成功，慈善组织需要训练有素的胜任员工。他们需要足够的计算机和信息系统，需要职能完备的办事处，以及不断筹集资金的能力。但要是假设慈善机构的效力与其管理费用成反比，后果就是管理费用开支不足，组织能力下降：缺少高素质、训练有素的员工，而是充斥着新手，员工流动率过高；计算机系统过时且效率低下；这样一来，为正在进行的活动或新项目筹资的效率变低了。更糟糕的是，出资方提出了越来越多的报告要求，员工投入到文档工作中的时间消耗了赠款里越来越多的部分。

作为回应，慈善组织的领导者往往要无奈地对数字动手脚，比如在报告里说，组织的领导成员的时间主要投入到了项目里，或是筹资并没有花钱。这种反应是可以理解的。但它进一步迎合了捐助者的期望，即为了让慈善机构负起责任，有必要降低管理成本。[1]如此一来，问责制成了一件无休无止的事情。

变革和测量

在旨在促进社会和经济发展的政府对外援助中，指标固恋也表现明显。人们对对外援助存在着一种根深蒂固的怀疑态度（这种怀疑也有一定的根据），认为它没有成效，甚至适得其反。[2]但是，一些对外援助项目确实有助于贫穷国家的健康、教育、经济发展，甚至政治稳定。为了衡量哪些外援项目有效，哪些无效，美国政府机构越来越关注指标，导致了一些负面的结果，读者们读到这里，想必也能料中一二。

成绩难以用定量方式衡量的项目，遭到了缩减。例如，提供奖学金，让贫困国家的学生到美国大学学习，将影响该国未来精英所接受的文化教育。可相比而言，测量小学入学率和识字率比较容易。因此，一旦这两项指标成为评估的标准，那些无法展示短期效果的项目，就被牺牲了。比如，白宫管理和预算办公室取消了美国国际开发署的奖学金计划，理由是它的好处无法被换算成美元，故此，政府无法判断该计划是否收大于支。[3]

同样，这里的指标也助长了短期主义。杰出公务员安德鲁·纳齐奥斯（Andrew Natsios）在国际发展方面具有多年的经验，他指出，这一领域的政府机构员工“感染了非常严重的‘测量强迫症’，这种智力失调的根源在于他们相信，统计政府项目中的每一件事，能带来更好的政策抉择，改进管理”。强调量化，会使人忽视有着长远潜在益处的项目：此类项目着眼于改善欠发达国家的公共服务和司法系统的技能、知识、规范。纳齐奥斯写道，那些患有测量强迫症的人忽视了“发展理论的核心原则：测量起来最准确、最容易的发展项目，变革意义最小；而变革意义最强的项目，却最不可测量”。[4]培养胜任的领导层和管理层，就属于后一类项目。

在这里，测量最容易测量的东西的冲动，会使人聚焦于可测量的投入（如官僚程序等）而非实现了什么样的结果。美国国际开发署的一位官员向学者承认："没人能想出可行的方法，量化'能力构建活动'的效力。于是，美国国际开发署的关注点不是效力，而是那些可以测量的东西，比如举办了多少个培训班，有多少人参加培训。"[5]

不光国会委员会，美国白宫管理和预算办公室、美国政府问责局等行政机构，也对测量和量化提出了更多的需求。这些机构的员工，主要是"会计师、经济学家、采购官员和立法工作人员，他们从前接受的是公共管理、工商管理或经济学教育，脑袋里还带着教授的过分看重量化的印迹"。[6]这些职业测量员，是高举指标圣火的"贞洁之辈"。他们也是传教士，想让自己手下的高级管理人员皈依其教派，要后者把大量的时间和精力投入测量绩效、确保问责制的统计报告。

补　记

14

第 14 章 | 当透明度变成绩效的大敌：政治、外交、情报和婚姻

指标的吸引力在很大程度上以如下观念为基础：机构如果不透明，就会反应迟钝；如果受到外部监督，效率会更高。谷歌的 Ngram 词频查看器显示，在 20 世纪 80 年代中期，“绩效指标”和“透明度”这两个词基本上同时出现陡增。而且，从我们文化的特点来看，我们往往会以为绩效和透明度是同涨同落的。但这是一种谬论，或者至少是一种误导性的概括。一如测量绩效的效力有限，透明度的效力同样有限。在某些情况下，我们的机构要想有卓越建树，要靠保持不透明来实现。这里的关键不在于指标，而在于最广泛意义上的绩效：要把我们应该做的事情做成。为理解透明度的阴暗面，我们不妨先放过组织，从人际关系着手。

亲密感

人类自我意识的形成，仅仅是因为我们的思想和欲望对于他人不透明。我们可以对特定的人更加透明，这种能力造就了亲密感。

正如当代哲学家莫什·哈尔贝托（Moshe Halbertal）所说，

> 如果一个人的想法写在额头上，曝光于所有人之前，内部和外部的区别就会消失，个性也随之泯灭。故此，通过隐藏来表达的隐私，保护了人的自我定义。此外，通过展示不同尺度的曝光和亲密，自我还可以创造出特殊的人际关系。他分配展现和隐匿的程度，建立不同尺度的距离和亲密感，游走于社交空间。[1]

在人际关系（包括最亲密的人际关系）中，成功取决于一定程度的模糊和不透明，取决于不知道别人所做，更别说所思的全部。

政治与政府

说到政治，一定程度的不透明就更加必要了，因为政治涉及的参与者更多，故此也存在更多的利益和敏感群体。政治家的一个主要作用，就是在不同的利益和敏感群体中斡旋，通过安排来弥合差异。这种策略需要进行谈判，在不同利益之间权衡，尝试实现一种可以为大多数利益相关方容忍的妥协，尽管它也很难让任何一方完全满意。换句话说，它涉及许多立场（至少，按照利益相关方的定义）之间的讨价还价。通常情况下，只有当谈判处于不为其他主张者所知的条件下，才能达成妥协，因为凡是有违各利益相关方公开界定的“透明”立场的妥协，必定会遭到反对。政治家称之“创造性地给予和接受”的东西，理论家或特殊利益相关方代表称为“背叛”。这就是为什么在敏感事务上，闭门谈判最为有效。美国参议院前多数党领袖、民主党人汤姆·达施勒（Tom Daschle）最近评论说：“有人认为要是每一次谈话都有电视摄像机监控，华盛顿能运转得更好，这完全错误……今天华盛顿运转失灵的根源就在于没有了诚实对话、做创造性让步的机会。”[2]这也是为什么胜任的政治家必须在一定程度上保持灵活姿态，较之公开的宣传，他要在闭门谈判中追求更多的灵活性。只有多次妥协并达成协议之后，公众才应该对协议进行监督，即实现透明化。[3]

政府的绩效也是同理。政府的有效运转，往往同样要依靠让内部审议暂时对公众保密——也就是说，要维持不透明性。哪些要素应该由政府公开，哪些不应该，我们需要加以区分。凯斯·桑斯坦（Cass R. Sunstein）是一位涉猎广泛的学者，也曾在政府部门任职，他对政府的投入和产出做出了有益的区分。产出包括政府针对社会和经济趋势生成的数据，以及政府行为的结果，如监管规定。他认为，“产出”应尽可能公开。对比来看，“投入”指的是进入政府决策的讨论，即决策者和公务员之间的讨论。如今有越来越大的压力要求将这些事情也公之于众，比如通过《信息自由法案》（Freedom of Information Act）等法律手段加以规定；比如国会提出要求，如在班加西调查案中，美国国会委员会要求前国务卿希拉里·克林顿公开相关电子邮件；此外还有非法途径，如维基解密等组织对政府内部文件的电子盗窃和传播。桑斯坦认为，公开披露内部审议情况（即对公众保持透明）只会适得其反，因为如果政府官员知道自己的所有想法和立场都将被公之于众，那就会妨碍沟通中的开放、坦诚和信任。这样一来，可以预见到的结果是，政府官员在书面沟通或电子邮件沟通中透露的信息会更少。重要的事务，他们会只进行口头沟通。但是这会减少审慎布局的机会。[4]所有政策都有代价：如果内部审议受到透明度的限制，政客们就不可能否决受欢迎但不明智的政策提议，或是支持虽然可取但有可能冒犯某一选区的政策。因此，要求政治投入也保持透明，是良好施政的大敌。

外交和情报

在外交中，透明度也是一种危害，对收集情报而言更是致命问题。2010 年，美国陆军情报分析员布拉德利·曼宁（Bradley Manning）通过维基解密公布了数十万份敏感的军事和国务院文件。[5]大量机密线人（包括跟美国外交官在伊朗、阿富汗、阿拉伯世界和其他地方交谈过的持不同政见者）的姓名由此曝光。[6]好多人为求自保不得不迁居别处。更重要的是，由于无法保证谈话的机密性，这类泄密事件让美国外交官日后更加难以获得人工情报。

此后的 2013 年，受雇于中央情报局的前计算机安全专家，后又以合同工身份替美国国家安全局在夏威夷工作的爱德华·斯诺登（Edward Snowden），系统地着手复制来自各政府机构的数以千计的高度机密文件，揭露美国政府的监视计划。他向媒体提供了许多敏感文件，其中包括了长达18页、事关网络行动的《第20号总统政策指令》，曝光了成为潜在行动目标的每一套外国计算机系统——这份文件，得到了英国《卫报》的全文刊登。这些文件遭到斯诺登盗取，又为主流媒体所公布，不光是美国有史以来最大的情报工作泄密事件，也是对美国及其盟友的国家安全的严重打击。然而，美国和欧洲的部分公众却称赞斯诺登是英雄。斯诺登窃密的核心，就在于他相信透明度始终是可取的。

一个蓬勃发展的政体，就像一段健康的婚姻，会把一些问题放到幕后处理。国际关系和人际关系一样，很多做法只要保持暧昧模糊状态，就行之有效。清晰和公开反而有害。不管是夫妻关系还是两国关系，双方谈判的能力，通常都涉及想出一些能让大家都保留颜面与自尊的方式，这就需要对原则有所妥协，即需要模糊性。盟友之间互做一定程度的刺探，以求确定意图、能力和弱点，这种做法历来为政府人员熟知。但此事不能被当众承认，因为它对其他国家的自尊心构成了威胁。此外，就像在人际关系中一样，对于那些有用也可容忍，但在国际法和明确的规范里并不完全正当的行为，国内政治和国际关系里同样存在一定程度的伪善。

简而言之，让我们再次引用莫什·哈尔贝托的话：

> 一定程度的合法隐瞒，是维持国家及其民主制度的必要条件。军事机密、打击犯罪的技术、情报收集，甚至一旦曝光就会破裂的外交谈判——在这些领域都必须保密，好让国家的其

他机制中的普通透明度得以发挥作用。我们透明的公开对话，依赖于一个相当宽泛的幽暗隐秘领域，是后者确保了前者的蓬勃发展。[7]

在我们如今生活的世界，技术（互联网）和鼓吹坦承、消除耻感的文化，正在侵蚀隐私。在这样一个后隐私社会，人们往往会忽视保密的价值。[8]因此，“透明度”成了一种神奇的公式，而它适得其反的效果却大多遭到忽视。“阳光是最好的消毒剂”成为维基解密新供奉的信条：它相信，公开所有组织和政府的内部审议，将让世界变得更美好。

但更常见的情况是，公开造成的结果是瘫痪。政治家被迫透露自己的每一个行动，进而无法做出妥协，促成立法。官员担心内部审议将被公之于众，因而不愿意制定有效的公共政策。为收集国家敌人的信息需要保密的情报机构，将屡遭挫败。在上述各种情况下，透明度成为绩效的大敌。

IV

PART 4 结　论

15

第 15 章 | 非计划但可预见的负面后果

19 世纪，奥古斯特·孔德（Auguste Comte）阐述了一个有关社会科学的目标的观念：Savoir pour prévoir，prévoir pour prévenir（知道才能预见，预见才能预防［我们行为的意外后果］）。现在，我们对指标固恋有了相当充分的认识，可以预见到它带来的许多非计划的负面后果，兴许也可以避免它们。在转向对测量绩效的正确运用之前，让我们从先前的案例研究中做一番总结，看看指标有哪些一再出现的危害。

精力转移到测量对象上，导致目标遭到取代。目标遭到取代的形式很多。如果绩效只根据少数尺度来判断，涉及的利害很重大（保住工作，获得加薪，在兑现期权的时候抬高股价），人们会把焦点放在满足这些尺度上——并且通常会牺牲另一些更为重要却未经测量的组织目标。[1] 经济学家本特·霍姆斯特罗姆和保罗·米格罗姆用更为正式的术语描述了激励错位问题：如果工人因完成可测量的任务获得奖励，就会减少投入到其他任务中的努力。[2] 结果是，虽然指标手段本是为了服务于组织目标，但在实践中，前者逐渐取代了后者。

助长短期主义。测量绩效鼓励了罗伯特·默顿所说的“不管不顾的利益即时性……行为者的最高关注点，只有可预见的即时后果，不考虑稍远的或其他的后果”。[3]简而言之，推进短期目标，牺牲长远考量。

员工的时间成本。在会计分类账目的支出部分，我们必须加上指标的交易成本，即负责编制和处理指标的员工所付出的时间——更不必说，解读指标也要花时间。“报告的紧迫性”加剧了这一问题，也就是说，人们感到必须不断生成信息，哪怕并无重大事情发生。有时，成功的指标成了所生成报告的数量和规模，仿佛只要不进行充分的记录，就什么也没完成似的。最终，组织内部的人花费越来越多的时间来汇编数据，撰写报告，参加旨在整理数据和报告的会议。因此，非正统流派的管理顾问伊芙·莫留和彼得·托尔曼指出，员工在对组织的真正生产力少有贡献的活动上工作得更加努力，也花去了更长的时间，同时热情也为之削弱。[4]

减少效用。有时候，新引入的绩效指标在发现绩效不佳的异常问题上有立竿见影的效果。[5]容易做的事情完成后，人们会倾向于期待持续的大丰收。问题在于，指标还在从所有员工身上采集来。很快，汇总和分析指标的边际成本就超过了边际收益。

规则泛滥。为了不让员工通过动手脚、作弊、转移目标等方式提供错误的指标，组织会制定一连串的规则。遵守这些规则，会进一步放缓机构的运转速度，削弱效率。

奖励运气。如果参与者对结果几乎没有控制力，测量结果就等于奖励运气。这意味着，人们会因为与其努力不相干的结果而受到奖励或惩罚。受到惩罚的人会正当地认为他们遭到了不公平对待。

阻碍冒险。通过绩效指标衡量生产率，还带来了另一些更为微妙的影响：它们不仅助长短期行为，还妨碍了员工的主动性和冒险的意愿。情报分析师为锁定本·拉登的所在位置工作了很多年。在找到本·拉登之前的任何时间点上进行测量，他们的生产率看起来都是零。月复一月，他们的失败率都是 100%，直到最后成功的那一刻。从上司的角度来看，让这些分析师长年投入该项目，涉及很高的风险：这笔“时间投资”很可能是竹篮打水。然而，真正伟大的成绩，往往建立在这类风险之上。这是涉及长期人力投资时的典型情况。

阻碍创新。根据绩效指标评判员工的时候，员工会受到激励去做指标所测量的事情，而指标所测量的东西，就成了某种既定的目标。但这阻碍了创新，创新的意思是去做某种尚未确定、确切地说还没人尝试过的事情。创新涉及尝试。尝试新事物会带来风险，它可能会失败，或者说，它必定有着失败的概率。[6]绩效指标倘若阻碍冒险，就会在无意中带来停滞。

阻碍合作和共同目标。按测量绩效奖励个人，会削弱共同的目标感，以及为协作和机构效力提供动机（这一动机无法被测量）的社会关系。[7]按测量绩效进行奖励，往往只会加剧竞争，无法促进合作。如果个人或单位必须对测量绩效创造的激励做出回应，而不是彼此协助、帮忙和提供建议，他们会努力让个人指标最大化，无视伙伴，甚至暗中给伙伴搞破坏。顶尖的医疗改革家唐纳德·贝里克（Donald Berwick）说：

> 一家医院的CEO向我描述了他的利润中心管理系统，在此中层管理者的等级升降取决于当地的预算绩效。我问他，如果对组织整体有帮助的话，他手下的经理会不会把自己部门的资源转移到另一个部门。“除非他疯了才会。”CEO诚实地回答。[8]

工作体验退化。强迫组织中的员工把精力集中到得到测量的狭窄工作范围，会让工作体验退化。诺贝尔经济学奖获得者埃德蒙·菲尔普斯（Edmund Phelps）在《大繁荣》（*Mass Flourishing: How Grassroots Innovation Created Jobs, Challenge, and Change*）一书中说：资本机制的优点之一是能够提供“心理刺激的体验，解决新问题的挑战，尝试新事物的机会，冒险闯入未知领域的兴奋”。[9]这在资本机制下确属可能。但那些受绩效指标影响的人，被迫将精力集中在他人强加的有限目标上，后者说不定并不理解前者所从事的工作。对受到审查的工人而言，心理刺激会变得麻木，他们既无法判断要去解决什么样的问题，也无法判断怎么去解决问题，此外，由于未知的事物超出了可测量的范围，他们无意冒险涉足未知。简而言之，人性本身蕴含的企业家精神的元素（这不仅仅指拥有一家企业），有可能被指标固恋所扼杀。[10]

这导致的一个结果，就是促使那些有着更大主动性和创业心的人离开绩效问责制文化占主导地位的大型主流组织。教师离开公立学校，进入私立学校和特许学校。工程师们从大公司，转移到“精品公司”（boutique firms）。积极进取的政府雇员变成顾问。这里面当然有着健康的方面。但毫无疑问，由于赶跑了那些最愿意创新、最愿意采取主动的人，我们社会的大型组织变得更差劲了。当工作越是变成一件受测量绩效和奖励绩效的框框束缚的事情，那些能跳出框框思考的人也就越容易对它退避三舍。

生产力的成本。专门测量经济生产力的经济学家报告说，近年来美国经济中全要素生产率的唯一增长，来自信息技术产业。[11]这里有一个不妨一问的问题：指标文化（以其带给员工时间、士气和主动性的代价，它对短期主义的助长）本身在多大程度上加剧了经济停滞？

16

第 16 章 | 何时使用指标，以及怎样使用：核对清单

计算和测量人类绩效，并没有什么天然的危害性。我们都喜欢根据自己有限的经验来预测各种各样的结果，测量数据与这些主观判断形成有趣的对应。本书涉及的测量类型，指的是量化人类成败的绩效指标。几乎所有组织都存在合情合理的绩效指标。

在前面的案例研究中，我们已经看到指标有用也有效的许多例子。

在警务领域，针对犯罪率的计算机统计信息比较（Compstat）被用于发现哪些地方的问题最严重、最需要配备警力资源，这是很好的用途。一旦官员为求拉低报告犯罪率，向下级警官施加压力，威胁要对后者降职或取消晋升，指标才变成了问题。

在大学，出版物和教学方面的数值型数据可以强化对教员的评估。可要是使用数据的人无法评估数据的准确性和意义，指标就会误入歧途。

在中小学教育领域，标准化考试可以告诉教师，学生在特定科

目上的学习情况怎样。教师可以跟同事商量，并调整教学的方法和课程。可要是考试变成对教师和学校施以奖惩的主要依据，问题就出现了。

在医学方面，彼得·普洛诺沃斯特的“基石项目”证明，如果测量的内容符合从业者的专业价值观，诊断指标能有效降低医疗差错发生率。盖辛格医疗系统的成功说明，如果计算机化测量被整合到以协作为基础的机构文化当中，测量标准的确立和绩效的评估由包括医生在内（即不光有行政管理人员）的团队来进行，那么，它能带来明显的改进。这两个案例当中，运用指标的方式都诉诸了内在动机和专业精神。但一如我们所见，在医疗系统的其他地方，对测量绩效的奖励有时毫无效果，甚或导致不利结果。

美国军方在反叛乱军事行动中出色运用了绩效指标，对此案例的思考表明，虽然标准化指标通常具有欺骗性，但针对具体情况所制定的指标（尤其是由有着当地经验的从业者所制定的指标），可以真正地提供大量信息。此种情况下的挑战在于，放弃通用模板，洞察真正值得统计的内容，了解数字在其当地背景下的实际含义。

我们反复看到，测量并不能替代判断，相反，测量需要判断：关于需不需要测量，测量些什么，怎样评估测量内容的重要性，是否将奖惩附加到测量结果上，以及向什么人公开测量结果的判断。

如果你正好处在制定政策的位置，那么在思考是否使用测量绩效，如果使用又该怎样使用的时候，你应该提出以下问题，并将相关的因素牢记在心。这些问题和因素，构成了成功进行绩效测量的核对清单。鉴于我们所探讨的指标固恋的危害性，请在每一点上都进行谨慎斟酌：最合适的做法是不是根本就不使用指标。

核对清单

1. 你在考虑测量的是什么类型的信息？被测对象越是接近无生命物质，可以进行测量的可能性就越大：这就是为什么在自然科学和工程学里，测量必不可少。如果被测量的对象受到测量过程影响，测量的可靠性就降低了。而被测对象越是接近人类活动，测量就越是不可靠，因为所测对象是人，人是有自我意识的，能够对测量过程做出反应。如果测量涉及奖惩，人就更有可能以扭曲测量有效性的方式做出反应。反过来说，他们对奖励目标越是认同，就越可能以提高测量有效性的方式做出反应。

2. 所测信息有多大的用处？要始终提醒自己，有些活动可以被测量，并不意味着它值得被测量。事实上，测量起来简单，说不定测量意义反倒小。换句话说，扪心自问，你在测量的东西，是否只是你真正想知道的事情的替代指标呢？如果信息不是太有用，或者并不是你真正瞄准的东西的良好替代指标，那么，最好还是不要测量它。

3. 更多的指标有多大的用处？请记住，如果测量绩效有用，那么，它的效果也大多是在辨识异常情况方面，尤其是不良绩效或真正的不端行为。它很可能并不能很有效地在中等绩效，或接近最佳的绩效里边做出区分。此外，你测量越多，测量的边际成本就越有可能超过收益。因此，指标有用的事实，并不意味着更多指标就更有用。

4. 不依赖标准化测量，会有多大的成本？是否还有基于客户、患者或学生判断及经验的其他绩效信息源？比方说，在学校环境下，父母为自己孩子向特定教师提出要求的多寡，或许是教师行事得当的有用指标，无论结果是否在标准化考试里得到体现。就慈善机构而言，让受益人来判断结果恐怕是最有用的。

5. 测量要应用到什么目的上，换句话说，要对什么人信息透明？从业者进行内部绩效监控所用的数据，跟外部各方用来施加奖惩的数据之间，有着重大的区别。比方说，犯罪数据是用来发现该往什么地方部署更多警力，还是用来决定该警区指挥官能否获得晋升？同样的数据，是供外科手术团队用来发现哪些治疗流程效果最佳，还是供行政管理人员判断，医院是应该按所得分数接受经济上的奖励还是惩罚？考试这样的测量工具是非常宝贵的，但它们对于从业者做的内部分析最为有用，而对于兴许不理解这些测量工具的局限性的公众做的外部评估，就作用有限。此类测量可用来告知从业者，他们相较于同行的绩效如何，向佼佼者提供认可，也为落后者提供协助。如果把这些测量用来决定薪资的高低、是否续聘等，统计数据会被做手脚，甚至蒙受彻底的欺诈。

请记住，一如我们所见，如果受到奖励的目标符合从业者的专业目标，那么，跟奖惩挂钩的绩效指标，实际上可能有助于强化内在动机。[1]反过来说，如果奖惩计划是为了引出从业者认为没用甚或有害的行为，指标就更有可能受到操纵（操纵指标的方式很多，前文已经做了探讨）。如果从业者过于看重外在奖励，他们可能会把自己的活动集中到测量和奖励的对象上，牺牲工作中未接受测量但可能同样重要的其他方面。出于这些原因，“低利害”指标通常比较高利害的指标更有效。

回想一下，如果人们工作时受外在奖励的激励更大，也就是说，他们更看重赚到更多的钱，不怎么关心自己的工作在社会和知识领域还有什么其他潜在益处，那么，直接的绩效薪酬制效果最好。

这或许是因为，他们置身一个完全以所赚金钱来衡量职业成功与否的领域，比如金融。（当然，这并不妨碍他们将收入用于各种目的，包括无私的事业。）如果工作没有太大的其他吸引力，重复性强，没有施展选择权的空间，比如更换挡风玻璃，或者制作汉堡包，那么，按测量绩效付酬更有可能发挥作用。

6. 获取指标的成本是多少？信息从来不是免费的，而且，对那些需要大量信息的人来说，信息往往十分昂贵。收集数据，处理数据，分析数据——所有这些都需要时间，而它们的代价，就在于它们所占用的时间的机会成本。换句话说，你或是你的同事或员工为生成指标所投入的每一分钟时间，都无法再被投入到其他未被测量的活动上。当然，如果你是数据分析师，生成指标就是你的主要活动。而对其他人来说，生成指标是一种叫人分心的杂务。因此，哪怕测量绩效确实值得，它们的价值说不定也低于获得它们的成本。还要记住，人类的时间和精力的成本，几乎是无法被计算出来的——故此，这是在测量时需要谨慎行事的另一个原因。

7.询问组织最高层人员为什么对绩效指标提出要求。如我们所说，对绩效评估的要求，有时源于高管们不了解所在机构，而这种不了解，往往是因为高管被空降到了自己从前没有太多经验的组织。由于经验和当地知识很重要，最好是从内部聘用高管。即使其他地方有更聪明、更成功的人，由于他们对你所在的公司、大学、政府机构或其他组织缺乏具体的知识，说不定还不如从内部招聘所获的益处大。

8.绩效指标是怎么设定的？由谁设定？如果问责制指标是自上强加的，并且使用的是由远离所测量活动的人设定的标准化公式，那么，它不太可能发挥效果。如果测量指标是由下往上，由在一线从业的教师、护士和警察所设计的，可能会更有意义。这意味着请那些掌握了从实践得来的隐性知识的人，为设定恰当的绩效标准提供建议。[2]试着让跟结果存在利害关系的人的一组代表参加进来。[3]如果这些人还能继续参与评估所测量的数据的过程，就最好不过了。

请记住，只有当接受测量的人相信绩效测量系统，它才能发挥作用。到目前为止，在本章中，我们所采用的视角，来自那些能够决定要不要使用指标、怎样设定指标的人。但要是你并不处在这样的地位上，如果你在组织层级中的位置更靠下，你是中层管理人员，比如某个学系的负责人，你只负责执行指标，那么，你该怎么做呢？此时，你面临着一种选择。如果你相信收集信息所要达成的目标，那么，你的挑战就在于以最有效的方式提供准确的数据，这里所谓的最有效，就是占用你和下属时间最少的方式。反过来说，如果你认为测量指标所要达成的目标值得怀疑，而且过程欠缺效率，你或许应该尝试说服上级放弃此举（比如，把这本书送给他们阅读）。如果说服失败，那么，你的任务就变成了花最少的时间提供数据，满足可接受的最低标准，以及不给你的单位造成损害。

如果你接近组织最高层，负责与指标相关的决定，请重读前一段，牢记下属可能采取的不同应对方式。只有当被测量的人接受测量的目的及其正当性，指标才能发挥最佳效果。[4]

9. 请记住，哪怕是最好的测量也受制于腐败或目标转移。只要人始终是致力于最大化自身利益的主体，所有计量奖励计划就不可避免地存在缺陷。如果按照现行制度，医生根据做了多少台手术来获得报酬，这会造就一种动机，让他们进行大量对患者而言成本高而收益低的手术。但要是根据接待的患者数量向医生付费，医生就有动机接待尽量多的患者，不为患者做消耗时间但可能有用的治疗。如果按照成功的患者疗效对医生支付报酬，医生很可能会对数据动手脚，不去接待病情最严重的患者。[5]

这并不意味着仅仅因为绩效指标存在一些负面结果，就应该放弃它。哪怕存在上述可预见的问题，指标仍然值得使用：它事关权衡，也事关判断。

10.请记住，有时候承认可能存在的局限性，是智慧的开端。不是所有的问题都能够得到解决，能够依靠指标解决的问题更少。并非一切都可以通过测量得到改善，也不是所有能被测量的东西都能够得到改善。让问题更加透明，也不一定有助于解决问题。透明性可能会让令人不安的情况变得更加突出，却并不会让状况变得更易于解决。

最后，世上没有包治百病的灵丹妙药，真正地认识自己所面对的主题和所在的组织，这是无可替代的——它部分是个经验问题，部分是个无法量化的技能问题。许多重要事项，对判断和阐释的依赖性太大，无法用标准化指标加以解决。归根结底，关键不在于让指标与判断截然对立，而是要让指标为判断提供信息，这就包括知道要为指标分配多大的权重，意识到指标的典型畸变，以及理解什么东西无法被测量。最近几十年来，太多的政治家、商界领袖、决策者和学术机构管理者都忽视了这一点。

致　谢

本书源于我在导读中所述的个人经历。我最初在一篇名为《问责制的成本》的文章中阐述了自己的想法，该文章刊登在《美国利益》（*The American Interest*，2015 年 9—10 月号）杂志上。我很感激杂志的编辑亚当·加芬克尔（Adam Garfnkle），他愿意接受这篇文章，还贡献出了自己的编辑技巧，后来又允许我在本书中加以引用。

随着我的项目从一篇文章变成一本书，越来越多的人给予了我鼓励和建议，他们是：艾略特·科恩（Eliot A. Cohen）、拉斐尔·科恩（Raphael Cohen）、哈罗德·詹姆斯（Harold James）、内森·莱维坦（Nathan Levitan）、艾丽丝·帕克（Elyse Parker）、托马斯·帕特森（Thomas Patteson）、阿维埃尔·塔克（Aviel Tucker）和阿德里安·伍尔德里奇（Adrian Wooldridge）。乔尔·布伦纳（Joel Brenner）、阿诺德·克林（Arnold Kling），以及已故的克里斯托弗·科布拉克（Christopher Kobrak）非常热心地阅读了手稿，并提出了有益的改进建议。我在美国天主教大学的同事，学识渊博、见多识广的卡罗琳·谢尔曼（Caroline Sherman）和斯蒂芬·韦斯特（Stephen West）也出了力。感谢他们所有人，还有许多朋友和同事为我提供了信息来源和查询线索。普林斯顿大学出版社的四位匿名评审，纯粹是出于内在动机，慷慨地贡献了时间，并帮助我完善了观点。

本书的部分内容，在若干大学的研讨会上呈现过：马里兰大学史密斯商学院主办的研讨会，由拉杰希里·阿格瓦尔（Rajshree Agarwal）和大卫·西塞利亚（David Sicilia）主持；乔治梅森大学经济学系主办的研讨会，由丹尼尔·克莱恩（Daniel Klein）主持；美国天主教大学历史系教师讨论会，由凯瑟琳·詹森（Katherine Jansen）主持。我从这些研讨会的反馈中受益匪浅。

此外还有一个关于组织行为的研讨班，在许多年里带给我许多收获。这个研讨班是内部的，非正式的，但始终在举行，由我的妻子、我家的 3 个孩子以及孩子们各自的配偶组成。他们分享了自己在所效力的组织（包括政府、教育和医疗）环境中见到的功能和功能障碍，提出了不同的见解。我感谢他们所有人，本书借用了他们的观察，若有不当之处，责任全都在我。伊莱·穆勒（Eli Muller）头一个让我注意到了《火线》更宏大的主题（他对这部剧集分外熟悉，经常引用），他对制度动力学的敏锐分析，在本书中的部分篇幅中也有呼应（他帮忙编辑了本书）。感谢医学博士约瑟夫·穆勒（Joseph Muller）在医学和医疗保健方面的文献上为我指路，他还为本书的语气和方向提供了明智的建议。我的妻子沙朗（Sharon）是每一章节的第一个读者和编辑，这本书的许多想法都是在我们的日常对话中诞生或完善的（除了当上祖父母的巨大快乐之外，我们也会聊些别的）。

在我父母的支持下，本书得以顺利完成。很遗憾的是，这是我跟父亲亨利·穆勒（Henry Muller）讨论的最后一个项目，他在手稿接近完成时去世了：关于他的回忆，是一种赐福。我的母亲贝拉·穆勒（Bella Muller）一如既往是我生命中智慧、鼓励和幽默的源泉。

我很感谢普林斯顿大学出版社的杰西卡·姚（Jessica Yao），她一路照料这个项目，盯着它从手稿变成书；感谢琳达·特瑞洛（Linda Truilo）对手稿的编辑加工。

在过去的25年，彼得·多尔蒂（Peter J. Dougherty）不光是我的编辑，还是一位知性的同伴，他为我提供了源源不绝的书籍和观点，鼓励我为学术界内外的受众写作。是他说服我，把自己最初在文章中表达过的想法扩展成这本书，在扩展的每一个阶段，他都帮忙出力。怀着感恩之心，我将本书献给他。

注　释

导　读

[1] Gwyn Bevan and Christopher Hood, "What's Measured Is What Matters: Targets and Gaming in the English Public Health System," *Public Administration* 84, no. 3 (2006), pp. 517-53.

[2] Paula Chatterjee and Karen E. Joynt, "Do Cardiology Quality Measures Actually Improve Patient Outcomes?" *Journal of the American Heart Association* (February 2014). 几年前注意到同一问题的是 Richard Rothstein, "The Influence of Scholarship and Experience in Other Fields on Teacher Compensation Reform," pp. 87-110 in Matthew G. Springer (ed.), *Performance Incentives: Their Growing Impact on American K-12 Education* (Washington, D. C., 2009), p. 96; 扩展版已出版，名为 *Holding Accountability to Account: How Scholarship and Experience in Other Fields Inform Exploration of Performance Incentives in Education*, National Center on Performance Incentives, Working Paper 2008-04, February 2008。

[3] Bevan and Hood, "What's Measured Is What Matters."

[4] 一个例外是 Richard Rothstein, *Holding Accountability to Account*。同样可贵的是 Adrian Perry, "Performance Indicators: 'Measure for Measure' or 'A Comedy of Errors'?" in Caroline Mager, Peter Robinson, et al. (eds.), *The New Learning Market* (London, 2000)。

[5] Laura Landro, "The Secret to Fighting Infections: Dr. Peter Pronovost Says It Isn't That Hard. If Only Hospitals Would Do It," *Wall Street Journal*, March 28, 2011, and Atul Gawande, *The Checklist Manifesto* (New York, 2009).

[6] Michael Lewis, *Moneyball: The Art of Winning an Unfair Game* (New York, 2003).

[7] Chris Lorenz, "If You're So Smart, Why Are You under Surveillance? Universities, Neoliberalism, and New Public Management," *Critical Inquiry* (Spring 2012), pp. 599-629, esp. pp. 610-11.

[8] Jonathan Haidt, *The Righteous Mind* (New York, 2012), p. 34 and passim.

[9] 有关斯佩林斯委员会报告，见 Fredrik deBoer, *Standardized Assessments of College Learning Past and Future* (Washington, D. C. : New American Foundation, March 2016)。

[10] Jerry Z. Muller, *The Mind and the Market: Capitalism in Modern European Thought* (New York, 2002) 以及我的 Teaching Company 课程, "Thinking about Capitalism." 也见 Robert K. Merton, "The Unanticipated Consequences of Purposive Social Action," *American Sociological Review* 1 (December 1936),

pp. 894-904; and Merton, "Unanticipated Consequences and Kindred Sociological Ideas: A Personal Gloss," in Carlo Mongardini and Simonetta Tabboni (eds.), *Robert K. Merton and Contemporary Sociology* (New Brunswick, N. J., 1998), pp. 295-318; Robert K. Merton and Elinor Barber, *The Travels and Adventures of Serendipity* (Princeton, 2004)。

[11] Alfie Kohn 指出,"[J] ust as social psychologists were starting to recognize how counterproductive extrinsic motivators can be, this message was disappearing from publications in the field of management." Kohn, *Punished by Rewards* (New York, 1999), p. 121。

第 1 章 论点简述

[1] 这个术语见 Bruce G. Charlton, "Audit, Accountability, Quality and All That: The Growth of Managerial Technologies in UK Universities," in Stephen Prickett and Patricia Erskine-Hill (ed.), *Eduation! Education! Education! Managerial Ethics and the Law of Unintended Consequences* (Thorverton, England, 2002)。

[2] Fabrizio Ferraro, Jeffrey Pfeffer, and Robert L. Sutton, "Economics Language and Assumptions: How Theories Can Become Self-Fulfilling," *Academy of Management Review* 30, no. 1 (2005), pp. 8-24.

[3] Tom Peters, "What Gets Measured Gets Done," (1986), http://tompeters.com/columns/what-gets-measured-gets-done/.

[4] 后面这个陈述来自 Paul Collier 教授。

[5] Charlton, "Audit, Accountability, Quality and All That," pp. 18-22.

[6] 概述这些负面后果的有用尝试包括 Colin Talbot, "Performance Management," pp. 491-517 in Ewan Ferlie, Laurence E. Lynn, Jr., and Christopher Pollitt (eds.), *The Oxford Handbook of Public Management* (New York, 2005), pp. 502-4; and Michael Power, "The Theory of the Audit Explosion," pp. 326-44, in the same volume, see esp. p. 335。

[7] William Bruce Cameron, *Informal Sociology: A Casual Introduction to Sociological Thinking* (New York, 1963).

[8] Bevan and Hood, "What's Measured Is What Matters."

[9] 引用于 Diane Ravitch, *The Death and Life of the Great American School System* (New York, 2010), p. 160。也见 Chris Shore, "Audit Culture and Illiberal Governance: Universities and the Culture of Accountability," *Anthropological Theory* 8, no. 3 (2008), pp. 278-99; Mary Strathern (ed.), *Audit Cultures:*

Anthropological Studies in Accountability, Ethics and the Academy (London, 2000)。

[10] Alison Wolf, *Does Education Matter? Myths about Education and Economic Growth* (London, 2002), p. 246. C. A. E. Goodhart, "Problems of Monetary Management: The UK Experience" (1975), pp. 91-121 in Goodhart, *Monetary Theory and Practice* (London, 1984).

第2章 一再出现的缺陷

[1] Kurt C. Strange and Robert L. Ferrer, "The Paradox of Family Care," *Annals of Family Medicine* 7, no. 4 (July/August 2009), pp. 293-99, esp. p. 295.

[2] Sally Engle Merry, *The Seductions of Quantification: Measuring Human Rights, Gender Violence, and Sex Trafficking* (Chicago, 2016), pp. 1-33.

[3] 同上，p. 1。

[4] Kevin E. Davis, Benedict Kingsbury, and Sally Engle Merry, "Introduction: Global Governance by Indicators," in Kevin Davis, Angelina Fisher, Benedict Kingsbury, and Sally Engle Merry (eds.), *Governance by Indicators: Global Power through Quantification and Rankings* (New York, 2012), pp. 9, 18.

第3章 测量绩效和按绩效付酬的起源

[1] 引用于 Matthew Arnold, "The Twice-Revised Code" (1862), in R. H. Super (ed.), *The Complete Prose Works of Matthew Arnold* (Ann Arbor, Mich., 1960-77), vol. 2, pp. 214-15。

[2] Park Honan, *Matthew Arnold: A Life* (Cambridge, Mass., 1983), pp. 318-19; R. H. Super 对 Arnold 的注释, "The Twice-Revised Code," in *Complete Prose Works*, vol. 2, p. 349。

[3] Arnold, "The Twice-Revised Code," pp. 223-24.

[4] 同上，p. 226。

[5] 同上，p. 243。

[6] Fred G. Walcott, *The Origins of Culture and Anarchy: Matthew Arnold and Popular Education in England* (Toronto, 1970), pp. 7-8.

[7] Arnold, "Special Report on Certain Points Connected with Elementary Education in Germany, Switzerland, and France" (1886), in *Complete Prose Works*, vol. 11, pp. 1, 28.

[8] Simon Patten, "An Economic Measure of School Efficiency," *Educational Review* 41 (May 1911), pp. 467-69, 引用于 Raymond E. Callahan, *Education and the Cult of Efficiency* (Chicago, 1962), p. 48。

[9] Frederick W. Taylor, *The Principles of Scientific Management* (New York, 1911). 泰勒及其对教育改革家们的影响，见 Callahan, *Education and the Cult of Efficiency*, chap. 2。

[10] Alfred D. Chandler, Jr., *The Visible Hand: The Managerial Revolution in American Business* (Cambridge, Mass., 1977), pp. 275-76.

[11] Taylor, 引用于 James C. Scott, *Seeing Like a State: How Certain Schemes to Improve the Human Condition Have Failed* (New Haven, 1998), p. 336。

[12] Frederick W. Taylor, *Principles of Scientific Management*, 引述自 David Montgomery, *The Fall of the House of Labor* (New Haven, 1989), p. 229。

[13] Ellwood P. Cubberley, *Public School Administration* (Boston, 1916), on which see Callahan, *Education and the Cult of Efficiency*, pp. 95-99.

[14] Dana Goldstein, *The Teacher Wars: A History of America's Most Embattled Profession* (New York, 2014), pp. 86-87.

[15] 关于术语"student growth"，见 Chad Aldeman, "The Teacher Evaluation Revamp, in Hindsight," *EducationNext* 17, no. 2 (Spring 2017), http://educationnext.org/the-teacher-evaluation-revamp-in-hindsight-obama-administration-reform/。

[16] Richard Sennett, *The Corrosion of Character: The Personal Consequences of Work in the New Capitalism* (New York, 1998), p. 42.

[17] Rakesh Khurana, *From Higher Aims to Hired Hands: The Social Transformation of American Business Schools and the Unfulfilled Promise of Management as a Profession* (Princeton, 2007), p. 295.

[18] Richard R. Locke and J. -C. Spender, *Confronting Managerialism: How the Business Elite and Their Schools Threw Our Lives out of Balance* (London, 2011), p. xiii.

[19] Adrian Wooldridge, *Masters of Management* (New York, 2011), p. 3.

[20] Bob Lutz, *Car Guys vs. Bean Counters: The Battle for the Soul of American Business* (New York, 2013).

[21] Christopher Pollitt, "Towards a New World: Some Inconvenient Truths for Anglosphere Public Administration," *International Review of Administrative Sciences* 81, no. 1 (2015), pp. 3-17, esp. pp. 4-5; John Quiggin, "Bad Company: Correspondence," *Quarterlyessay. com*, https://www.quarterlyessay.com.au/

correspondence/1203; similarly Henry Mintzberg, "Managing Government, Governing Management," *Harvard Business Review*, May-June 1996, pp. 75-83.

[22] David Halberstam, *The Best and the Brightest* (New York, 1972), pp. 213-65.

[23] Kenneth Cukier and Viktor Mayer-Schönberger, "The Dictatorship of Data," *MIT Technology Review*, May 31, 2013.

[24] Edward N. Luttwak, *The Pentagon and the Art of War* (New York, 1984), p. 269.

[25] Luttwak, *The Pentagon and the Art of War*, pp. 30-31. 关于敌军遗体数量计算的误用，见以下所分析的回忆录和学术文献：Ben Connable, *Embracing the Fog of War: Assessment and Metrics in Counterinsurgency* (Rand Corporation, 2012), pp. 106ff。

[26] Luttwak, *The Pentagon and the Art of War*, pp. 138-43.

[27] 同上，p. 152。

[28] Matthew Stewart, *The Management Myth: Why the Experts Keep Getting It Wrong* (New York, 2009), p. 31.

[29] Theodore M. Porter, *Trust in Numbers: The Pursuit of Objectivity in Science and Public Life* (Princeton, 1995), p. ix.

第 4 章 指标为什么大受欢迎?

[1] Ralf Dahrendorf, *The Modern Social Conflict: An Essay on the Politics of Liberty* (Berkeley, 1988), p. 53.

[2] Porter, *Trust in Numbers*, p. ix.

[3] Stefan Collini, "Against Prodspeak," in Collini, *English Pasts: Essays in History and Culture* (Oxford, 1999), p. 239.

[4] Philip K. Howard, *The Rule of Nobody: Saving America from Dead Laws and Broken Government* (New York, 2014), p. 44.

[5] Philip K. Howard, *The Death of Common Sense: How Law Is Suffocating America* (New York, 1994), pp. 12, 27.

[6] Howard, *The Rule of Nobody*, p. 54.

[7] Lawrence M. Freedman, "The Litigation Revolution," in Michael Grossman and Christopher Tomlins (eds.), *The Cambridge History of Law in America: Vol. III The Twentieth Century and After* (Cambridge, 2008), p. 176.

[8] 同上，p. 187。

[9] 同上，pp. 188-89。

[10] Mark Schlesinger, "On Values and Democratic Policy Making: The Deceptively Fragile Consensus around Market-Oriented Medical Care," *Journal of Health Politics, Policy and Law* 27, no. 6 (December 2002), pp. 889-925; and Mark Schlesinger, "Choice Cuts: Parsing Policymakers' Pursuit of Patient Empowerment from an Individual Perspective," *Health, Economics, Policy and the Law* 5 (2010), pp. 365-87.

[11] James Heilbrun, "Baumol's Cost Disease," in Ruth Towse (ed.), *A Handbook of Cultural Economics*, 2nd ed. (Cheltenham, England, 2011); and William G. Bowen, "Costs and Productivity in Higher Education," The Tanner Lectures, Stanford University, October 2012, pp. 3-4.

[12] Bowen, "Costs and Productivity in Higher Education," p. 5, 引用 Teresa A. Sullivan et al. (eds.), *Improving Measurement of Productivity in Higher Education* (Washington, D. C., 2012)。

[13] Yves Morieux and Peter Tollman, *Six Simple Rules: How to Manage Complexity Without Getting Complicated* (Boston, 2014), p. 6.

[14] Rakesh Khurana, *Searching for a Corporate Savior: The Irrational Quest for Charismatic CEOs* (Princeton, 2002), esp. chap. 3. 这种现象绝不限于企业部门。

[15] Steven Levy, "A Spreadsheet Way of Knowledge," *Harper's*, November 1984, 网络版可见 https://medium.com/backchannel/a-spreadsheet-way-of-knowledge-8de60af7146e。

[16] Seth Klarman, *A Margin of Safety: Risk-Averse Value Investing for the Thoughtful Investor* (New York, 1991).

第5章 委托、代理和激励

[1] Michael Jensen and William H. Meckling, "Theory of the Firm: Managerial Behavior, Agency Costs and Ownership Structure," *Journal of Financial Economics* 3, no. 4 (1976), pp. 305-60; Bengt Holmstrom and Paul Milgrom, "Multitask Principal-Agent Analyses: Incentive Contracts, Asset Ownership, and Job Design," *Journal of Law, Economics, & Organization* [Special Issue: Papers from the Conference on the New Science of Organization, January 1991] 7 (1991), pp. 24-52; Charles Wheelan, *Naked Economics*, rev. ed. (New York, 2010), pp. 39-43.

[2] Khurana, *From Higher Aims to Hired Hands*, pp. 317-26. 类似还有, Richard Münch, *Globale Eliten, lokale Autoritäten* (Frankfurt, 2009), p. 75。可参考的还有 Ferraro, Pfeffer, Sutton, "Economics Language and Assumptions"。

[3] Theodore M. Porter, *Trust in Numbers: The Pursuit of Objectivity in Science and Public Life* (Princeton, 1995), p. ix.

[4] Talbot, "Performance Management," p. 497.

[5] David Chinitz and Victor G. Rodwin, "What Passes and Fails as Health Policy and Management," *Journal of Health Politics, Policy, and Law* 39, no. 5 (October 2014), pp. 1113-26, esp. pp. 1114-17.

[6] Mintzberg, "Managing Government, Governing Management," pp. 75-83; and Holmström and Milgrom, "Multitask Principal-Agent Analyses."

[7] Hal K. Rainey and Young Han Chun, "Public and Private Management Compared," in Ewan Ferlie, Laurence E. Lynn, Jr., and Christopher Pollitt (eds.), *The Oxford Handbook of Public Management* (New York, 2005), pp. 72-102, 85; and James Q. Wilson, *Bureaucracy: What Government Agencies Do and Why They Do It* (New York, 2000), pp. 156-57.

[8] Roland Bénabout and Jean Tirole, "Intrinsic and Extrinsic Motivation," *Review of Economic Studies* no. 70 (2003), pp. 489-520. 内在动机理论的一部先驱之作是 Edward L. Deci, *Intrinsic Motivation* (New York, 1975)。心理学家的其他研究包括 Thane S. Pittman, Jolee Emery, and Ann K. Boggiano, "Intrinsic and Extrinsic Motivational Orientations: Reward-Induced Changes in Preference for Complexity," *Journal of Personality and Social Psychology* 42, no. 5 (1982), pp. 789-97; and T. S. Pittman, A. K. Boggiano, and D. N. Ruble, "Intrinsic and Extrinsic Motivational Orientations: Limiting Conditions on the Undermining and Enhancing Effects of Reward on Intrinsic Motivation," in J. Levine and M. Wang (eds.), *Teacher and Student Perceptions: Implications for Learning* (Hillsdale, N. J., 1983)。该理论从心理学过渡到经济学领域的一位重要人物是 Bruno S. Frey, 其作品包括 *Not Just for the Money: An Economic Theory of Human Motivation* (Cheltenham, England, 1997)。有一份对相关文献的综述以行为经济学为重点，其结论是："行为经济学清楚表明，当今对绩效薪酬的普遍应用，并未得到科学事实的保证。" 见 Antoinette Weibel, Meike Wiemann, and Margit Osterloh, "A Behavioral Economics Perspective on the Overjustification Effect: Crowding-In and Crowding-Out of Intrinsic Motivation," in Marylène Gagné (ed.), *The Oxford Handbook of Work Engagement, Motivation, and Self-Determination Theory* (New York, 2014)。

[9] Pittman, Boggiano, and Ruble, "Intrinsic and Extrinsic Motivational Orientations."

[10] Bénabout and Tirole, "Intrinsic and Extrinsic Motivation," p. 504.

[11] Bruno S. Frey and Margit Osterloh, "Motivate People with Prizes," *Nature* 465, no. 17 (June 2010), p. 871.

[12] George Akerlof, "Labor Contracts as a Partial Gift Exchange," *Quarterly Journal of Economics* 97, no. 4 (1982), 543-69.

[13] Bruno S. Frey and Reto Jegen, "Motivation Crowding Theory," *Journal of Economic Surveys* 15, no. 5 (2001), pp. 589-611; and Robert Gibbons, "Incentives in Organizations," *Journal of Economic Perspectives* 12, no. 4 (Fall 1998), pp. 115-32, esp. p. 129.

[14] Gibbons, "Incentives in Organizations."

[15] Talbot, "Performance Management," pp. 491-517; Adrian Wooldridge, *Masters of Management* (New York, 2011), pp. 318-19; Pollitt, "Towards a New World"; Christopher Hood, "The 'New Public Management in the 1980s: Variations on a Theme," *Accounting, Organization, and Society* 20, nos. 2/3 (1995), pp. 93-109; Christopher Hood and Guy Peters, "The Middle Aging of New Public Management: Into the Age of Paradox?" *Journal of Public Administration Research and Theory* 14, no. 3 (2004), pp. 267-82. 新公共管理在英国和美国的兴起背景和早期历史，见 Christopher Pollitt, *Managerialism and the Public Services*, 2nd ed. (Oxford, 1993)。

第6章 哲学性批判

[1] Harry Braverman, *Labor and Monopoly Capital* (New York, 1974).

[2] Michael Oakeshott, "Rationalism in Politics" (1947) in Oakeshott, *Rationalism in Politics and Other Essays* (Indianapolis, 1991).

[3] Friedrich Hayek, "The Uses of Knowledge in Society," "The Meaning of Competition," and " 'Free' Enterprise and Competitive Order," all in Hayek, *Individualism and Economic Order* (Chicago, 1948).

[4] Wolf, *Does Education Matter?* p. 246; Lorenz, "If You're So Smart"; Bevan and Hood, "What's Measured Is What Matters." 针对英国高等教育体系如何复制了苏联制度的特点，有一篇扩展分析，见 Aviezer Tucker, "Bully U: Central Planning and Higher Education," *Independent Review* 17, no. 1 (Summer 2012), pp. 99-119。

[5] Alfie Kohn, *Punished by Rewards* (New York, 1999), pp. 62ff; and Teresa Amabile, "How to Kill Creativity," *Harvard Business Review* (September-October 1998).

[6] Scott, *Seeing Like a State*, p. 313.

[7] Isaiah Berlin, "Political Judgment," in Berlin, *The Sense of Reality: Studies in Ideas and Their History*, ed. Henry Hardy (New York, 1996), pp. 53, 50.

[8] Elie Kedourie *Diamonds into Glass: The Government and the Universities* (London, 1988), 重印于 Elie Kedourie, "The British Universities under Duress," *Minerva* 31, no. 1 (March, 1993), pp. 56-105。

[9] Elie Kedourie, *Perekstroika in the Universities* (London, 1989), pp. x-xi.

[10] Kedourie, *Perestroika*, p. 29.

[11] Kedourie "The British Universities under Duress," p. 61.

[12] 《政府绩效和结果法》的背景信息见 http://www.foreffectivegov.org/node/326, and Donald P. Moynihan and Stephane Lavertu, "Does Involvement in Performance Management Routines Encourage Performance Information Use? Evaluating GPRA and PART" *Public Administration Review* 72, no. 4 (July/August 2012), pp. 592-602。

第7章 大学院校

[1] Department of Education, "For Public Feedback: A College Ratings Framework" (December, 2014), http://www2.ed.gov/documents/college-affordability/college-ratings-fact-sheet.pdf.

[2] https://www.luminafoundation.org/files/publications/stronger_nation/2016/A_Stronger_Nation-2016-National.pdf.

[3] Wolf, *Does Education Matter?*

[4] Wolf, *Does Education Matter?*; Jaison R. Abel, Richard Deitz, and Yaquin Su, "Are Recent College Graduates Finding Good Jobs?" *Federal Reserve Bank of New York: Current Issues in Economics and Finance* 20, no. 1 (2014); Paul Beaudry, David A. Green, Benjamin M. Sand, "The Great Reversal in the Demand for Skill and Cognitive Tasks," NBER Working Paper 18901, March 2013.

[5] 例如参见 Katherine Mangan, "High-School Diploma Options Multiply, but May Not Set Up Students for College Success," *Chronicle of Higher Education*, October 19, 2015。

[6] Scott Jaschik, "ACT Scores Drop as More Take Test," *Inside Higher Education*, August 24, 2016; and "ACT Scores Down for 2016 U.S. Grad Class Due to Increased Percentage of Students Tested," http://www.act.org/content/act/en/newsroom/act-scores-down-for-2016-us-grad-class-due-to-increased-percentage-of-students-tested.html.

[7] William G. Bowen and Michael S. McPherson, *Lesson Plan: An Agenda for Change in American Higher Education* (Princeton, 2016), p. 30.

[8] 例如参见 Tucker, "Bully U," p. 104。

[9] Valen E. Johnson, *Grade Inflation: A Crisis in College Education* (New York, 2003).

[10] John Bound, Michael F. Lovenheim, and Sarah Turner, "Increasing Time to Baccalaureate Degree in the United States," NBER Working Paper 15892, April 2010, p. 13; and Sarah E. Turner, "Going to College and Finishing College. Explaining Different Educational Outcomes," in Caroline M. Hoxby (ed.) *College Choices: The Economics of Where to Go, When to Go, and How to Pay for It* (Chicago, 2004), pp. 13-62, http://www.nber.org/chapters/c10097, passim.

[11] Arnold Kling and John Merrifield, "Goldin and Katz and Education Policy Failings," *Econ Journal Watch* 6, no. 1 (January 2009), pp. 2-20, esp. p. 14.

[12] Wolf, *Does Education Matter?* chap. 7.

[13] Lorelle L. Espinosa, Jennifer R. Crandall, and Malika Tukibayeva, *Rankings, Institutional Behavior, and College and University Choice* (Washington, D. C., American Council on Education, 2014), p. 12.

[14] Wolf, *Does Education Matter?* chap. 7; similarly Daron Acemoglu and David Autor, "What Does Human Capital Do?" *Journal of Economic Literature* 50, no. 2 (2012), pp. 426-63.

[15] Wolf, *Does Education Matter?* chaps. 2 and 6; Paul Beaudry, David A. Green, and Benjamin M. Sand, "The Great Reversal in the Demand for Skill and Cognitive Tasks," NBER Working Paper 18901, March 2013.

[16] Stuart Eizenstat and Robert Lerman, "Apprenticeships Could Help U. S. Workers Gain a Competitive Edge" (Washington, D. C., Urban Institute, May 2013); Mark P. Mills, "Are Skilled Trades Doomed to Decline?" Manhattan Institute, New York, 2016, http://www.manhattan-institute.org/sites/default/files/IB-MM-1016.pdf.

[17] Thomas Hale and Gonzalo Vina, "University Challenge: The Race for Money, Students and Status," *Financial Times*, June 23, 2016; https://www.oecd.org/unitedkingdom/United%20Kingdom-EAG2014-Country-Note.pdf. Stefan Collini, in *What Are Universities For?* 提供的 2012 年高等院校入学比例则达 45%。

[18] 相关简史，见 Stefan Collini, *What Are Universities For?* chap. 2。

[19] Wolf, *Does Education Matter?* chap. 7.

[20] Shore, "Audit Culture and Illiberal Governance," pp. 289-90. 也见 James Wilsdon et al., *The Metric Tide: Report of the Independent Review of the Role of Metrics in Research Assessment and Management* (July 2015)。

[21] Stephen Prickett, Introduction to *Education! Education! Education!*

[22] Charlton, "Audit, Accountability, Quality and All That," p. 23.

[23] http://www2.ed.gov/admins/finaid/accred/accreditation_pg6.html.

[24] Peter Augustine Lawler, "Truly Higher Education," *National Affairs* (Spring 2015), pp. 114-30, esp. pp. 120-21.

[25] Charlton, "Audit, Accountability, Quality and All That," p. 22; and Lorenz, "If You're So Smart." p. 609.

[26] Benjamin Ginsberg, *The Fall of the Faculty: The Rise of the All Administrative University* (Baltimore, 2013).

[27] Craig Totterow and James Evans, "Reconciling the Small Effect of Rankings on University Performance with the Transformational Cost of Conformity" in Elizabeth Popp Berman and Catherine Paradeise (eds.), *The University under Pressure*, Research in the Sociology of Organizations, vol. 4 (Bingley, England, 2016), pp. 265-301, and Tucker, "Bully U," p. 114.

[28] Wendy Nelson Espeland and Michael Sauder, "Rankings and Reactivity: How Public Measures Re-create Social Worlds," *American Journal of Sociology* 113, no. 1 (July 2007), pp. 1-40, esp. p. 11.

[29] 同上, p. 25。

[30] 同上, p. 26。

[31] 同上, pp. 30-31。有关某些法学院怎样对统计做手脚的更多信息，见 Alex Wellen, "The $8.78 Million Maneuver," *New York Times*, July 31, 2005。有关某些大学怎样尝试提高排名的更多信息，见 Wendy Nelson Espeland and Michael Sauder, "The Dynamism of Indicators" in Davis et al. (eds.) *Governance by Indicators*, pp. 103-5。

[32] 例如参见 Doug Lederman, " 'Manipulating,' Er, Influencing 'U. S. News,' " *Inside Higher Ed*, June 3, 2009。

[33] Totterow and Evans, "Reconciling the Small Effect of Rankings on University Performance with the Transformatonal Cost of Conformity."

[34] 这方面的早期历史，见 Collini, *What Are Universities For?* chap. 6, "Bibliometry"。

[35] Prickett, Introduction to *Education! Education! Education!* p. 7.

[36] Peter Weingart, "Impact of Bibliometrics upon the Science System: Inadvertent

Consequences," *Scientometrics* 62, no. 1 (2005), pp. 117-31, esp. p. 126.

[37] 同上，p. 127；也可见 Christian Fleck，"Impact Factor Fetishism，" *European Journal of Sociology* 54，no. 2（2013），pp. 327-56。比较不同学科的研究生产力的困难之处，见 Dorothea Jansen et al.，"Drittmittel als Performanzindikator der wissenschaftlichen Forschung：Zum Einfluss von Rahmenbedingungen auf Forschungsleistung，" *Köner Zeitschrift für Soziologie und Sozialpsychologie* 59，no. 1（2007），pp. 125-49。

[38] 关于这些问题，可见 Weingart，"Impact of Bibliometrics upon the Science System，" and Michael Power，"Research Evaluation in the Audit Society，" in Hildegard Matthies and Dagmar Simon（eds.），*Wissenschaft unter Beobachtung：Effekte und Defekte von Evaluationen*（Wiesbaden，2008），pp. 15-24。

[39] Carl T. Bergstrom，"Use Ranking to Help Search，" *Nature* 465，no. 17（June 2010），p. 870.

[40] Espeland and Sauder，"Rankings and Reactivity，" p. 15. 也可见 Münch，*Globale Eliten，lokale Autoritäten*。

[41] Espinosa，Crandall，and Tukibayeva，*Rankings，Institutional Behavior，and College and University Choice*；Douglas Belkin，"Obama Spells Out College-Ranking Framework，" *Wall Street Journal*，December 19，2014；Jack Stripling，"Obama's Legacy：An Unlikely Hawk on Higher Ed，" *Chronicle of Higher Education*，September 30，2016.

[42] Jonathan Rothwell，"Understanding the College Scorecard，" paper，Brookings Institution，September 28，2015，https：//www. brookings. edu/opinions/understanding-the-college-scorecard/；Beckie Supiano，"Early Evidence Shows College Scorecard Matters，but Only to Some，" *Chronicle of Higher Education*，May 27，2016.

[43] 见 Lauren A. Rivera，*Pedigree: How Elite Students Get Elite Jobs*（Princeton，2015）；and Elizabeth A. Armstrong and Laura T. Hamilton，*Paying for the Party: How College Maintains Inequality*（Cambridge，Mass.，2013）。

[44] Rothwell，"Understanding the College Scorecard."

[45] Jeffrey Steedle，"On the Foundations of Standardized Assessment of College Outcomes and Estimating Value Added，" in K. Carey and M. Schneider（eds.），*Accountability in Higher Education*（New York，2010），p. 8.

[46] 这方面的批评很多，可参见 Nicholas Tampio，"College Ratings and the Idea of the Liberal Arts，" *JSTOR Daily*，July 8，2015，http：//daily. jstor. org/college-

ratings-idea-liberal-arts/, and James B. Stewart, "College Rankings Fail to Measure the Influence of the Institution," *New York Times*, October 2, 2015。

[47] Robert Grant, "Education, Utility and the Universities" in Prickett and Erskine-Hill (eds.), *Education! Education! Education!* p. 52.

[48] 见 Rivera, *Pedigree*, p. 78 and passim。

[49] Espinosa, Crandall, and Tukibayeva, *Rankings, Institutional Behavior, and College and University Choice*, p. 9.

第8章 中 小 学

[1] Ravitch, *The Death and Life of the Great American School System*, p. 149.

[2] T. S. Dee and B. Jacob, "The Impact of 'No Child Left Behind' on Student Achievement," *Journal of Policy Analysis and Management* 30 (2011), pp. 418-46.

[3] Jesse Rhodes, *An Education in Politics: The Origins and Evolution of No Child Left Behind* (Ithaca, N. Y., 2012), p. 88.

[4] 引用于同上, p. 88。

[5] 同上, p. 153。

[6] Goldstein, *Teacher Wars*, p. 188.

[7] Diane Ravitch, *Reign of Error* (New York, 2013), p. 51 and charts on pp. 340-42; and Kristin Blagg and Matthew M. Chingos, *Varsity Blues: Are High School Students Being Left Behind?* (Washington, D. C. : Urban Institute, May 2016), pp. 3-5.

[8] Dee and Jacob, "The Impact of 'No Child Left Behind' on Student Achievement," pp. 418-46. 也见, Ravitch, *The Death and Life of the Great American School System*, pp. 107-8, 159; Goldstein, *Teacher Wars*, p. 187; and American Statistical Association, "ASA Statement on Using Value-Added Models for Educational Assessment, April 8, 2014," https://www.amstat.org/policy/pdfs/ASA_VAM_Statement.pdf。

[9] Goldstein, *Teacher Wars*, p. 226.

[10] 同上。有观点认为，增值测试优于根据"精通水平"或"大学入学准备度"来评估学校，见 Michael J. Petrilli and Aaron Churchill, "Why States Should Use Student Growth, and Not Proficiency Rates, when Gauging School Effectiveness," Thomas Fordham Institute, October 13, 2016, https://edexcellence.net/articles/why-states-should-use-student-growth-and-not-proficiency-rates-when-gauging-school。

[11] Martin R. West, written statement to U. S. Senate Committee on Health,

Education, Labor, and Pensions, January 21, 2015, http://www. help. sen ate. gov/imo/media/doc/West. pdf, and David J. Deming et al., "When Does Accountability Work?" *educationnext. org* (Winter 2016), pp. 71-76. On Florida, David N. Figlio and Lawrence S. Getzler, "Accountability, Ability, and Disability: Gaming the System," NBER Working Paper No. 9307, October 2002.

[12] 关于休斯敦和达拉斯，见 Ravitch, *Death and Life*, p. 155；关于亚特兰大，见 Rachel Aviv, "Wrong Answer: In an Era of High-Stakes Testing, a Struggling School Made a Shocking Choice," *The New Yorker*, July 21, 2014, pp. 54-65；关于芝加哥，见 Brian A. Jacob and Steven D. Levitt, "Rotten Apples: An Investigation of the Prevalence and Predictors of Teacher Cheating," *Quarterly Journal of Economics* 118, no. 3 (August, 2003), pp. 843-77；关于克利夫兰的"作弊"，见 Ravitch, *Death and Life*, p. 159。另见 Goldstein, *Teacher Wars*, p. 227。

[13] Goldstein, *Teacher Wars*, pp. 186, 209.

[14] Alison Wolf, *Does Education Matter?*类似还有，Donald T. Campbell，"在以培养一般能力为目标的普通教学条件下，绩效测试很可能是衡量一般学校的绩效的宝贵指标。但要是测试得分成了教学过程的目标，它们不仅会失去作为教育状况指标的价值，还会朝着不利的方向扭曲教育过程"。引用于 Mark Palko and Andrew Gelman, "How Schools that Obsess about Standardized Tests Ruin Them as Measures of Success," *Vox: Policy and Politics*, August 16, 2016, http://www. vox. com/2016/8/16/12482748/success-academy-schools-standardized-tests-metrics-charter。

[15] "我们相信，现在该系统已失衡，因为推动实现政府设定的指标往往成了目标本身，而非向所有儿童提供尽可能最佳的教育这一终极目标的手段。应试教育、缩小课程范围以及将过量资源集中在边缘学生身上等现象，都体现了这种情况。我们敦促政府对此重新考虑，以激励学校传授完整的课程，同时认可孩子们在所有课程中的成绩。当务之急应该是建立一个系统，为教师、家长和孩子提供关于孩子进展的准确信息。"（第 82 段）Select Committee on Children, Schools and Families, Third Report (2008). http://www. publications. parliament. uk/pa/cm200708/cmselect/cmchilsch/169/16912. htm.

[16] Rhodes, *An Education in Politics*, p. 176.

[17] Goldstein, *Teacher Wars*, pp. 213-17.

[18] Goldstein, *Teacher Wars*, pp. 207-8.

[19] Roland Fryer, "Teacher Incentives and Student Achievement: Evidence from New York City Public Schools," NBER Working Paper No. 16850, March 2011.

[20] Goldstein, *Teacher Wars*, pp. 224-26.

[21] 见此处引用的研究：Kohn，*Punished by Rewards*，p. 334，fn. 37。

[22] Fryer，“Teacher Incentives and Student Achievement，” p. 3.

[23] Frederick M. Hess，“Our Achievement-Gap Mania，” *National Affairs*（Fall 2011），pp. 113-29.

[24] Lauren Musu-Gillette et al.，*Status and Trends in the Educational Achievement of Racial and Ethnic Groups 2016*（Washington，D. C. ：National Center for Educational Statistics，2016），p. iv.

[25] 一项新近的研究再次肯定了《科尔曼报告》的最初发现，以及它们持续的相关性，见 Stephen L. Morgan and Sol Bee Jung，“Still No Effect of Resources，Even in the New Gilded Age，” *Russell Sage Foundation Journal of the Social Sciences* 2，no. 5（2016），pp. 83-116。

[26] Sean F. Reardon，*The Widening Achievement Gap between the Rich and the Poor: New Evidence and Some Possible Explanations*（Russell Sage Foundation，2012），下载自 https：//cepa. stanford. edu/content/widening-academic-achievement-gap-between-rich-and-poor-new-evidence-and-possible。

[27] Edward C. Banfield，*The Unheavenly City Revisited*（New York，1974），pp. 273-74.

[28] 经济学家对这些素质的重要性的强调，见 James Heckman，“Schools，Skills，and Synapses，” *Economic Inquiry* 46，no. 3（July 2008），pp. 289-324。当然，那些从未沉迷于指标固恋的人，一直将这些素质的重要性视为理所当然。不过，自控的个性特点和延迟满足的能力，本身是跟认知能力相关的，见 Richard E. Nisbett et al.，“Intelligence：New Findings and Theoretical Developments，” *American Psychologist* 67，no. 2（2012），pp. 130-59，esp. p. 151。

[29] Alexandria Neason，“Welcome to Kindergarten. Take This Test. And This One.” *Slate*，March 4，2015.

[30] Nisbett et al.，“Intelligence，” p. 138.

[31] Angela Duckworth，“Don't Grade Schools on Grit，” *New York Times*，March 27，2016.

[32] Hess，“Our Achievement-Gap Mania，” and Wolf，*Does Education Matter?* 欧洲旨在培养有才能的学生的项目越来越得不到支持，见 Tom Clynes “How to Raise a Genius：Lessons from a 45-Year Study of Super-smart Children，” *Nature* 537，no. 7619（September 7，2016）。

[33] Ravitch，*Death and Life*，passim.，and Kenneth Berstein，“Warning from the Trenches：A High School Teacher Tells College Educators What They Can Expect

in the Wake of 'No Child Left Behind' and 'Race to the Top,' " *Academe* (January-February 2013), http://www.aaup.org/article/warnings-trenches#.VN62JMZQ2AE；以及“年度最佳教师” Anthony J. Mullen 的有力证词，“Teachers Should be Seen and Not Heard,” *Education Week*, January 7, 2010, http://blogs.edweek.org/teachers/teacher_of_the_year/2010/01/teachers_should_be_seen_and_no.html。

第9章 医 疗

[1] Sean P. Keehan et al., “National Health Expenditure Projections, 2015 - 2025: Economy, Prices, and Aging Expected to Shape Spending and Enrollment,” *Health Affairs* 35, no. 8 (August 2016), pp. 1-10; Atul Gawande, “The Checklist,” *New Yorker*, December 10, 2007.

[2] *World Health Report 2000*, *Health Systems: Improving Performance*, 引用于 Scott Atlas, *In Excellent Health: Setting the Record Straight on America's Health Care* (Stanford, Calif., 2011)。

[3] Atlas, *In Excellent Health*.

[4] 同上，pp. 28-30, 99-105。

[5] 同上，p. 84; and David M. Cutler, Adriana Lleras-Muney, and Tom Vogl, “Socioeconomic Status and Health: Dimensions and Mechanisms,” in Sherry Glied and Peter C. Smith (eds.), *The Oxford Handbook of Health Economics* (New York, 2011), pp. 124-63, esp. 147-53。

[6] Atlas, *In Excellent Health*, p. 156.

[7] Michael E. Porter and Thomas H. Lee, “The Strategy That Will Fix Health Care,” *Harvard Business Review* (October 2013), pp. 50-70, esp. 56.

[8] 对盖辛格的讨论基于 Douglas McCarthy, Kimberly Mueller, and Jennifer Wrenn, *Geisinger Health System: Achieving the Potential of Integration through Innovation, Leadership, Measurement, and Incentives* (Commonweatlh Fund Case Study, June 2009), and Glenn D. Steele, Jr., “A Proven New Model for Reimbursing Physicians,” *Harvard Business Review* (September 15, 2015)，撰文的是盖辛格的前 CEO。

[9] Peter J. Pronovost et al., “Sustaining Reductions in Central Line-AssociatedBloodstream Infections in Michigan Intensive Care Units: A 10 - Year Analysis,” *American Journal of Medical Quality* 31, no. 3 (2016), pp. 197-202.

[10] Chinitz and Rodwin, “What Passes and Fails as Health Policy and Management,”

p. 1117.

[11] 例如，Patrick Conway, Farzad Mostashari, and Carolyn Clancy, "The Future of Quality Measurement for Improvement and Accountability," *JAMA* [*Journal of the American Medical Association*] 309, no. 21 (June 5, 2013), pp. 2215-16; James F. Burgess and Andrew Street, "Measuring Organizational Performance," in Sherry Glied and Peter C. Smith (eds.), *The Oxford Handbook of Health Economics* (New York, 2011), pp. 688-706, esp. p. 701; David M. Shahian et al., "Rating the Raters: The Inconsistent Quality of Health Care Performance Measurement," *Annals of Surgery* 264, no. 1 (July 2016), pp. 36-38; J. Matthew Austin, Elizabeth A. McGlynn, and Peter J. Pronovost, "Fostering Transparency in Outcomes, Quality, Safety, and Costs," *JAMA* 316, no. 16 (October 25, 2016), pp. 1661-62。

[12] 呼吁使用更佳指标的倾向，见 Chinitz and Rodwin, "What Passes and Fails as Health Policy and Management," p. 1120。

[13] Jason H. Wasfy et al., "Public Reporting in Cardiovascular Medicine: Accountability, Unintended Consequences, and Promise for Improvement," *Circulation* 131, no. 17 (April 28, 2015), pp. 1518-27.

[14] Chinitz and Rodwin, "What Passes and Fails as Health Policy and Management," p. 1118.

[15] N. A. Ketallar et al., "Public Release of Performance Data in Changing the Behaviour of Healthcare Consumers, Professionals or Organisations" *Cochrane Database System Review*, Nov. 9, 2011.

[16] Gary Y. Young, Howard Beckman, and Errol Baker, "Financial Incentives, Professional Values and Performance," *Journal of Organizational Behavior* 33 (2012), pp. 964-983.

[17] Elaine M. Burns, Chris Pettengell, Thanos Athanasious, and Ara Darzi, "Understanding the Strengths and Weaknesses of Public Reporting of Surgeon-Specific Outcomes," *Health Affairs* 35, no. 3 (March 2016), pp. 415-21, esp. p. 416.

[18] D. Blumenthal, E. Malphrus, and J. M. McGinnis (eds.), *Vital Signs: Core Metrics for Health and Health Care Progress* (Washington, 2015), p. 90. 英国国家医疗服务体系的"星级评定"的使用情况，见 Bevan and Hood "What's Measured Is What Matters"。

[19] Chinitz and Rodwin, "What Passes and Fails as Health Policy and Management,"

pp. 1114-19.

［20］ Karen E. Joynt et al., "Public Reporting of Mortality Rates for Hospitalized Medicare Patients and Trends in Mortality for Reported Conditions," *Annals of Internal Medicine*, published online May 31, 2016.

［21］ M. W. Friedberg et al., "A Methodological Critique of the ProPublica Surgeon Scorecard" (Rand Corporation, Santa Monica, Calif., 2015), http://www.rand.org/pubs/perspectives/PE170.html, and David M. Shahian et al., "Rating the Raters: The Inconsistent Quality of Health Care Performance Measurement," *Annals of Surgery* 264, no. 1 (July 2016), pp. 36-38.

［22］ Cheryl L. Damberg et al., *Measuring Success in Health Care Value-Based Purchasing Programs: Summary and Recommendations* (Rand Corporation, 2014), p. 18. Rachel M. Werner et al., "The Effect of Pay-for-Performance in Hospitals: Lessons for Quality Improvement," *Health Affairs* 30, no. 4 (April 2011), pp. 690-98. 类似但更近期的发现，见 Aaron Mendelson et al., "The Effects of Pay-for-Performance Programs on Health, Health Care Use, and Processes of Care: A Systematic Review," *Annals of Internal Medicine* 165, no. 5 (March 7, 2017), pp. 341-53。

［23］ Patricia Ingraham, "Of Pigs in Pokes and Policy Diffusion: Another Look at Pay for Performance," *Public Administration Review* 53 (1993), pp. 348-56; Christopher Hood and Guy Peters, "The Middle Aging of New Public Management: Into the Age of Paradox?" *Journal of Public Administration Research and Theory* 14, no. 3 (2004), pp. 267-82; Chinitz and Rodwin, "What Passes and Fails as Health Policy and Management," pp. 1113-26.

［24］ Martin Roland and Stephen Campbell, "Successes and Failures of Pay for Performance in the United Kingdom," *New England Journal of Medicine* 370 (May 15, 2014), pp. 1944-49. "为了测试而接受测试"一说来自 Chinitz and Rodwin, "What Passes and Fails as Health Policy and Management," p. 1115。

［25］ Burns et al., "Understanding the Strengths and Weaknesses of Public Reporting of Surgeon-Specific Outcomes," p. 418; and Wasfy et al., "Public Reporting in Cardiovascular Medicine"; and K. E. Joynt et al., "Association of Public Reporting for Percutaneous Coronary Intervention with Utilization and Outcomes among Medicare Beneficiaries with Acute Myocardial Infarction," *JAMA* 308, no. 14 (2012), pp. 1460-68; Joel M. Kupfer, "The Morality of Using Mortality as a Financial Incentive: Unintended Consequences and Implications for Acute

Hospital Care," *JAMA* 309, no. 21 (June 3, 2013), pp. 2213-14.

[26] Richard Lilford and Peter Pronovost, "Using Hospital Mortality Rates to Judge Hospital Performance: A Bad Idea that Just Won't Go Away," *British Medical Journal* (April 10, 2010).

[27] 同上。

[28] D. Blumenthal, E. Malphrus, and J. M. McGinnis (eds.), *Vital Signs: Core Metrics for Health and Health Care Progress* (Washington, D. C., 2015).

[29] 同上, pp. 90-91。

[30] Robert Pear, "Shaping Health Policy for Millions, and Still Treating Some on the Side," *New York Times*, March 29, 2016.

[31] Donald M. Berwick, "The Toxicity of Pay for Performance," *Quality Management in Health Care* 4, no. 1 (1995), pp. 27-33.

[32] Wasfy et al., "Public Reporting in Cardiovascular Medicine"; Claire Noel-Mill and Keith Lind, "Is Observation Status Substituting for Hospital Readmission?" *Health Affairs Blog*, October 28, 2015; 以及 https://www.medicare.gov/hospitalcompare/Data/30-day-measures.html。

[33] David Himmelstein and Steffie Woolhandler, "Quality Improvement: 'Become Good at Cheating and You Never Need to Become Good at Anything Else'" *Health Affairs Blog*, August 27, 2015.

[34] Sabriya Rice, "Medicare Readmission Penalties Create Quality Metrics Stress," *Modern Healthcare*, August 8, 2015.

[35] Shannon Muchmore, "Bill Targets Socio-economic Factors in Hospital Readmissions," *Modern Healthcare*, May 19, 2016.

[36] 例如参见 Michael L. Barnett, John Hsu, and Michael J. McWilliams, "Patient Characteristics and Differences in Hospital Readmission Rates," *JAMA Internal Medicine* 175, no. 11 (November 2015), pp. 1803-12; and Shannon Muchmore, "Readmissions May Say More about Patients than Care," *Modern Healthcare* (September 14, 2015)。

第10章 警　务

[1] Barry Latzer, *The Rise and Fall of Violent Crime in America* (San Francisco, 2016).

[2] 关于 Compstat, 参见 Ken Peak and Emmanuel P. Barthe "Community Policing and CompStat: Merged, or Mutually Exclusive?" *The Police Chief* 76, no.

12 (December 2009); John Eterno and Eli Silverman, *The Crime Numbers Game: Management by Manipulation* (Boca Raton, 2012); Heather Mac Donald, "Compstat and Its Enemies," *City Journal*, February 17, 2010, offers a critique of earlier claims by Eterno and Silverman。

[3] Donald T. Campbell, "Assessing the Impact of Planned Social Change" (1976), *Journal of Multidisciplinary Evaluation* (February 2011), p. 34.

[4] 例如参见，David Bernstein and Noah Isackson, "The Truth about Chicago's Crime Rates: Part 2," *Chicago Magazine*, May 19, 2014.

[5] Mac Donald, "Compstat and Its Enemies."

[6] "Police Fix Crime Statistics to Meet Targets, MPs Told," BBC News, November 19, 2013, http://www.bbc.com/news/uk-25002927.

[7] Ed Burns interview on "Fresh Air," National Public Radio, November 22, 2006. 也可见 David Simon interview with Bill Moyers, at www.pbs.org/moyers/journal/04172009/transcript1.html。

[8] Campbell, "Assessing the Impact," p. 35.

第11章 军 队

[1] Jonathan Schroden，美国海军战争学院的一位学者，得出结论说当前的COIN评估法问题多得离谱，还不如"彻底停止作战评估"。Jonathan Schroden, "Why Operations Assessments Fail: It's Not Just the Metrics," *Naval War College Review* 64, no. 4 (Autumn 2011), pp. 89-102, esp. 99.

[2] Connable, *Embracing the Fog of War*, chap. 6.

[3] David Kilcullen, *Counterinsurgency* (New York, 2010), p. 2.

[4] 同上，pp. 56-57。

[5] 同上，pp. 58-59。

[6] 同上，p. 60。

[7] Connable, *Embracing the Fog of War*, pp. xv, xx.

[8] Jan Osborg et al., *Assessing Locally Focused Stability Operations* (Rand Corporation, 2014), p. 9.

[9] Connable, *Embracing the Fog of War*, p. 29.

第12章 商业和金融

[1] http://www.simon.rochester.edu/fac/misra/mkt_salesforce.pdf.

[2] Barry Gruenberg, "The Happy Worker: An Analysis of Educational and Occupational Differences in Determinants of Job Satisfaction," *American Journal of Sociology* 86 (1980), pp. 247-71, esp. pp. 267-68, 引用于 Kohn, *Punishment by Rewards*, p. 131。

[3] Erik Brynjolfsson and Andrew McAfee, *The Second Machine Age: Work, Progress, and Prosperity in a Time of Brilliant Technologies* (New York, 2014).

[4] Dan Cable and Freck Vermeulen, "Why CEO Pay Should Be 100% Fixed," *Harvard Business Review* (February 23, 2016).

[5] Madison Marriage and Aliya Ram, "Two Top Asset Managers Drop Staff Bonuses," *Financial Times*, August 22, 2016.

[6] Jeffrey Preffer and Robert I. Sutton, "Evidence-Based Management," *Harvard Business Review* (January 2006), pp. 63-74, esp. p. 68.

[7] Boris Ewenstein, Bryan Hancock, and Asmus Komm, "Ahead of the Curve: The Future of Performance Management," *McKinsey Quarterly*, no. 2 (2006), pp. 64-73, esp. p. 72.

[8] Ewenstein et al., "Ahead of the Curve," pp. 67-68.

[9] Tyler Cowen and Alex Tabarrok, *Modern Principles of Macroeconomics*, 3rd ed. (New York, 2014), p. 413.

[10] Mark Maremont, "EpiPen Maker Dispenses Outsize Pay," *Wall Street Journal*, September 13, 2016; and Tara Parker-Pope and Rachel Rabkin Peachman, "EpiPen Price Rise Sparks Concern for Allergy Sufferers," *New York Times*, August 22, 2016.

[11] Matt Levine, "Wells Fargo Opened a Couple Million Fake Accounts," Bloomberg. com, September 9, 2016; and United States of America Consumer Financial Protection Bureau, Administrative Proceeding 2016-CFPB-0015, Consent Order.

[12] 其他例子，见 Gibbons, "Incentives in Organizations," p. 118。

[13] Ferraro, Pfeffer, and Sutton, "Economics Language and Assumptions."

[14] Douglas H. Frank and Tomasz Obloj, "Firm-Specific Human Capital, Organizational Incentives, and Agency Costs: Evidence from Retail Banking," *Strategic Management Journal* 35 (2014), pp. 1279-301.

[15] 这些例子引用于同上，p. 1282。

[16] 以下描述利用了 Amar Bhidé, "An Accident Waiting to Happen," *Critical Review* 21, nos. 2 - 3 (2009), pp. 211-47; and Bhidé, *A Call for Judgment: Sensible Finance for a Dynamic Economy* (New York, 2010), esp. "Introduction";

and Arnold Kling, "The Financial Crisis: Moral Failure or Cognitive Failure?" *Harvard Journal of Law and Public Policy* 33, no. 2 (2010), pp. 507-18, and Arnold Kling, *Specialization and Trade* (Washington, D. C., 2016)。

[17] Kling, "The Financial Crisis"; and Kling, *Specialization and Trade*, pp. 182-83.

[18] Lawrence G. McDonald with Patrick Robinson, *A Colossal Failure of Common Sense: The Inside Story of the Collapse of Lehman Brothers* (New York, 2009), pp. 106-9.

[19] Amar Bhidé, "Insiders and Outsiders," *Forbes*, September 24, 2008.

[20] 以下段落利用了 Jerry Z. Muller, "Capitalism and Inequality: What the Right and the Left Get Wrong," *Foreign Affairs* (March-April 2013), pp. 30-51。

[21] Hyman P. Minsky, "Uncertainty and the Institutional Structure of Capitalist Economies," *Journal of Economic Issues* 30, no. 2 (June 1996), pp. 357-68; Levy Economics Institute, *Beyond the Minsky Moment* (e-book, April 2012); Alfred Rappaport, *Saving Capitalism from Short-Termism* (New York, 2011).

[22] 上市交易公司的短期主义倾向，见 John Asker, Joan Farre-Mensa, and Alexander Ljungqvist, "Corporate Investment and Stock Market Listing: A Puzzle?" *Review of Financial Studies* 28, no. 2 (2015), pp. 342-90。

[23] http://www.businessinsider.com/blackrock-ceo-larry-fink-letter-to-sp-500-ceos-2016-2.

[24] Klarman, *A Margin of Safety*.

[25] Nelson P. Repenning and Rebecca M. Henderson, "Making the Numbers? 'Short Termism' and the Puzzle of Only Occasional Disaster," Harvard Business School Working Paper 11-33, 2010. 一些绩效薪酬方案对信任、员工承诺以及机构生产力的负面影响，见 Michael Beer and Mark D. Cannon, "Promise and Peril in Implementing Pay-for-Performance," *Human Resources Management* 43, no. 1 (Spring 2004), pp. 3-48。

[26] Michael C. Jensen, "Paying People to Lie: The Truth about the Budgeting Process," *European Financial Management* 9, no. 3 (2003), pp. 379-406.

[27] Gary P. Pisano and Willy C. Shih, "Restoring American Competitiveness," *Harvard Business Review* (July 2009), pp. 11-12.

[28] Yves Morieux of Boston Consulting Group, in his TED talk, "How Too Many Rules at Work Keep You from Getting Things Done," July 2015; 也可见 Morieux and Tollman, *Six Simple Rules*。

[29] Frank Knight, *Risk, Uncertainty, and Profit* (New York, 1921).

[30] Isabell Welpe, "Performance Paradoxon: Erfolg braucht Uneindeutigkeit: Warum

es klug ist, sich nicht auf eine Erfolgskennzahl festzulegen," *Wirtschaftswoche* July 31, 2015, p. 88.

第 13 章　慈善事业和对外援助

［1］ Ann Goggins Gregory and Don Howard, "The Nonprofit Starvation Cycle," *Stanford Innovation Review* (Fall 2009); and "The Overhead Myth," http://overheadmythcom.b.presscdn.com/wp-content/uploads/2013/06/GS_OverheadMyth_Ltr_ONLINE.pdf.

［2］ 例如参见 P. T. Bauer, *Dissent on Development* (Cambridge, Mass., 1976).

［3］ Mark Moyar, *Aid for Elites: Building Partner Nations and Ending Poverty through Human Capital* (Cambridge, 2016), p. 188. 关于"测量"的整章都很重要。

［4］ Andrew Natsios, "The Clash of the Counter-Bureaucracy and Development" (2010), http://www.cgdev.org/publication/clash-counter-bureau cracy-and-development; and Natsios, "The Foreign Aid Reform Agenda," *Foreign Service Journal* 86, no. 12 (December 2008), quoted in Moyar, *Aid for Elites*, pp. 188-89.

［5］ 美国国际开发署的一位不具名官员，2012 年接受 Mark Moyar 采访，并引用于 Moyar, *Aid for Elites*, p. 190。

［6］ Moyar, *Aid for Elites*, p. 186.

第 14 章　当透明度变成绩效的大敌：政治、外交、情报和婚姻

［1］ Moshe Halbertal, *Concealment and Revelation: Esotericism in Jewish Thought and Its Philosophical Implications*, trans. Jackie Feldman (Princeton, 2007), pp. 142-43.

［2］ Tom Daschle, foreword to Jason Grumet, *City of Rivals: Restoring the Glorious Mess of American Democracy* (New York, 2014), p. x.

［3］ 这方面见 Jonathan Rauch, "How American Politics Went Insane," *The Atlantic*, July-August, 2016; Jonathan Rauch, "Why Hillary Clinton Needs to be Two-Faced," *New York Times*, October 22, 2016; and Matthew Yglesias, "Against Transparency," *Vox*, September 6, 2016。

［4］ Cass R. Sunstein, "Output Transparency vs. Input Transparency," August 18, 2016, https://papers.ssrn.com/sol3/papers.cfm?abstract_id=2826009.

［5］ Wikipedia, "Chelsea Manning."

［6］ Christian Stocker, "Leak at WikiLeaks: A Dispatch Disaster in Six Acts," *Spiegel*

Online, September 1, 2011.

[7] Halbertal, *Concealment and Revelation*, p. 164.

[8] Joel Brenner, *Glass Houses: Privacy, Secrecy, and Cyber Insecurity in a Transparent World* (New York, 2013), p. 210.

第15章 非计划但可预见的负面后果

[1] Ravitch, *The Death and Life of the Great American School System*, p. 161; Stewart, *The Management Myth*, p. 54.

[2] Holmström and Milgrom, "Multitask Principal-Agent Analyses."

[3] Merton, "Unanticipated Consequences and Kindred Sociological Ideas: A Personal Gloss," p. 296.

[4] Morieux and Tollman, *Six Simple Rules*, pp. 6-16.

[5] Lilford and Pronovost, "Using Hospital Mortality Rates to Judge Hospital Performance."

[6] Berwick, "The Toxicity of Pay for Performance."

[7] 关于此话题，参见 George A. Akerlof and Rachel E. Kranton, *Identity Economics: How Our Identities Shape Our Work, Wages, and Well-Being* (Princeton, 2010), chap. 5, "Identity and the Economics of Organizations"。

[8] Berwick, "The Toxicity of Pay for Performance."

[9] Edmund Phelps, *Mass Flourishing: How Grassroots Innovation Created Jobs, Challenge and Change* (Princeton, 2013), p. 269.

[10] 类似可见，Scott, *Seeing Like a State*, p. 313。

[11] 根据哈佛大学 Dale Jorgenson 的说法，美国全要素生产率的唯一增长，来自信息技术产业。Dale W. Jorgenson, Mun Ho, and Jon D. Samuels, "The Outlook for U. S. Economic Growth," in Brink Lindsey (ed.), *Understanding the Growth Slowdown* (Washington, D. C., 2015). 关于人力资源中的行为指标怎样削弱主动性，见 Lutz, *Car Guys vs. Bean Counters*, pp. ix-x。

第16章 何时使用指标，以及怎样使用：核对清单

[1] Young et al., "Financial Incentives, Professional Values and Performance," *Journal of Organizational Behavior* 33 (2012), pp. 964-83, esp. p. 969.

[2] Thomas Kochan, commentary on "Promise and Peril in Implementing Pay-for-

Performance," *Human Resources Management* 43, no. 1 (Spring 2004), pp. 35-37.

[3] J. Matthew Austin, Elizabeth A. McGlynn, and Peter J. Pronovost, "Fostering Transparency in Outcomes, Quality, Safety, and Costs," *JAMA* 316, no. 16 (October 25, 2016), pp. 1661-62.

[4] B. S. Frey and M. Osterloh, *Successful Management by Motivation. Balancing Intrinsic and Extrinsic Incentives* (Heidelberg, 2002).

[5] Kling, *Specialization and Trade*, p. 33.